マスコミが伝えない
裁判員制度の真相

猪野 亨／立松 彰／
新穂正俊 著
ASKの会 監修

花伝社

マスコミが伝えない裁判員制度の真相◆目　次

はじめに

埼玉弁護士会所属・弁護士　小出重義

「あなたが、裁判員制度を導入した張本人ですか」

二〇〇九年四月二四日、関東弁護士連合会（関弁連）と東京三会主催の役員就任披露宴の席で、当時、埼玉弁護士会会長で関弁連常務理事を務めていた私は、ひとりぽつんとしていた当時の最高裁長官竹崎博允氏に聞いた。

彼は即座に「違う」と答えた。

竹崎氏こそ、司法制度改革審議会（一九九九年〜二〇〇一年）で、裁判員制度の大枠が決められた直後の二〇〇二年から二〇〇四年にかけての最高裁事務総長であり、また、裁判員制度推進の立役者であったが故に、いきなり最高裁長官に抜擢されたのだと理解していた私は、彼の答えを大変意外に感じた。と同時に、彼は、本当は裁判員制度に賛成していないのではないかと直感した。ちょうどよい機会だと思い、裁判員制度の問題点について、かなり踏み込んだ質問をした。

激しい私の口調に、周りには、当時の日弁連会長をはじめ、法曹、ジャーナリストがいつしか輪をなしていた。彼は、はじめのうちは、私の質問に答えていたが、そのうち苛立ちを見せ、「そんな細かいことは問題ではない。できたものは仕様が無いではないか」と言い放った。

この発言に憤りを感じた私が、「あなたは、典型的な官僚裁判官ですね」と言うと、彼は、周りで聞いていた朝日新聞の記者に「僕は官僚裁判官なんかじゃないよね」と同意を求めた。それに対する記者の返答は、ふるっていた。「官僚裁判官の定義によりますね」と。その直後、彼は、「もうあなたとは話しをしない」と言って、私の傍から離れていった。笑い話にもなりかねないエピソードだが、竹崎氏のこうした態度を見て、例えば、当初裁判員が評決権を持つことに強く反対していた最高裁が、後には推進の旗振りをした豹変ぶりに、何故か妙に納得できてしまったのである。

また、こんなことがあった。やはり裁判員制度施行の直前のことである。当時社民党の保坂展人衆議院議員（現世田谷区長）を励ます会に出席していた菅直人衆議院議員を、本書執筆者のメンバーらが、同氏と裁判員制度について話したことがある。そのとき彼は、「民事では裁判員制度はあるのか」「高裁ではどうなんだ」と質問してきた。出席していたメンバーは我が耳を疑ったと言う。裁判員制度が刑事裁判の一審にしか適用されないことはもっとも基本的な知識なのだが、自分が賛成した法案にもかかわらず、この程度の認識なのである。

当時の最高裁長官の「自信」や、一年後の総理大臣の認識がこの程度なのだから、裁判員制度の問題点について、国民全体の認知度が低いのも仕方がない。さらに不幸なことに、裁判員制度は、重要な問題点をいくつも持っているが、その直接的な弊害が見えにくい。

私たちは、裁判員裁判について、現在進行形の多くの問題点があることを知ってもらう必要があると痛感し、また、刑事司法のあり方について、問題提起しなければならないとの強い使命感に駆られて、本書を世に出すことにした。

本書の主眼は、マスコミが報じている裁判員裁判の裏側を、刑事裁判に携わる立場から明るみに出すことによって、裁判員制度の問題点を浮き彫りにすることにある。本書が、一般市民、法曹関係者、とりわけマスコミ関係者諸氏の手に取られることにより、裁判員制度の再検討のきっかけになることを願っている。

最後に、本書執筆のために、ありとあらゆる新聞記事に目を通すなどの多大の情熱を注がれた執筆者諸氏に、仲間内ながらも深甚の敬意を表したい。

第一章　絶賛される「市民感覚」とは何か

読者の中には、刑事裁判のイメージとして、①判決まで長くかかる（特に死刑事件）、②量刑が軽すぎる、③裁判がわかりにくい、と思っている方も少なくないだろう。例えばオウム事件の教組に対する裁判は一審だけで八年もの長期に渡り、なぜこれほど時間がかかるのか疑問に感じるだろうし、人を殺しておきながらなぜ死刑にならないのだ、と憤りを感じる人もいるだろう。強姦事件などの性犯罪では、財産犯よりも軽く扱われていると言われており、被害者の団体からは、被害者が被告人の人権よりも軽く扱われていると主張されたりもする。

このような刑事裁判に対する不満は、ネット上でも多く見られる。

「裁判員制度は、裁判官の判決が国民の常識とかけ離れているので、国民の一般常識を裁判に反映させるために導入された」

と言われると、読者は「そうだよね」と思うのではないだろうか。裁判官の量刑判断や刑事裁判が何をやっているのかもわからず、ダラダラと行われているのは、国民感情に合わない、だから「市民参加」なのだ、「市民感覚」を刑事裁判に反映させる必要があるのだ、と。

マスコミは、この国民感情（市民感覚）を生かせるとして裁判員制度を大いに持ち上げ、大絶賛してきた。裁判員は、市民の代表であるかのような持ち上げ方もしてきた。

しかし、市民の代表であるという理由でその裁判員が関与する裁判（判決）は当然に尊重されるべきだ、裁判員の意思は正しいということになるとどうだろうか。

逆の立場から考えてみよう。

あなたが仮に刑事裁判の被告人となった場合、裁判員に裁かれたいと思うだろうか。

被告人は、有罪、無罪を争う場合、量刑のみが争われる場合など、色々な立場がありうる。痴漢冤罪が話題になったように、誰もが事件に巻き込まれる可能性は充分にあるし、そもそも事件がないにもかかわらず、「事件化」されてしまうこともあるのだ。九州で起きた爪剝ぎ事件（二〇〇七年七月発生）では、看護師が高齢者の爪を切るだけの行為が、マスコミが生爪を剝いだと騒ぎ立て、一審では有罪となったものが控訴審で無罪（二〇一〇年一〇月）となり、事件そのものがなかったにもかかわらず刑事事件として起訴されたこともあった。

自分を被告人の立場に置き換えた場合、市民感覚で裁かれることについて不安を感じないのかどうかが問われているのだ。刑事裁判を考えるというのは、常に裁く側だったり、第三者の立場で考えることではない。

もともと裁判員制度は、二〇〇一年六月、司法制度審議会意見書によって、突如としてその導入が提言され、あれよあれよという間に導入が決まったものだ。**裁判員制度が国民の側から求められたことは一度もない**。それにもかかわらず国民を裁判員として動員することを決定したが、それだけで国民の理解が得られるはずもない。そこでマスコミは**従来の刑事裁判に対する潜在的なマイナスイメージと結びつけ、裁判員制度の導入を正当化しようとした**のだ。さらには国民を裁判員として動員するためには裁判員をおだて持ち上げ、絶賛することが不可避である。最初から無批判だったのだ。錦の御旗の「市民感覚」もどこに行き着くのかわからぬまま絶賛されたのである。

次の項からはいかにマスコミが裁判員による市民感覚を絶賛してきたか、そして市民感覚がいかにあいまいで危険なものかを指摘する。

市民感覚のあいまいさ

朝日新聞は、裁判員制度が始まってから半年ほどたった二〇〇九年一一月、〈動き出した市民参加〉と題した裁判員制度に関する特集記事を掲載した。

その中見出しは〈法廷に市民感覚　着々と〉といった調子がほとんどで、裁判員制度に対する批判的視点は全く見られない。

〈家族間で寛大〉という小見出しの記事が特に目に付く。少々、長くなるが引用する。

家族を巻き込んだ無理心中や、結果的に被害者の命が奪われずに「未遂」で終わった事件では、裁判員らが被告が犯行に至った事情に深く理解を示して執行猶予を付ける傾向が見られる。山口地裁（二〇〇九年九月九日）の介護に疲れて寝たきりの妻を包丁で刺した殺人未遂事件や、山形地裁（同一二月三日）での病気を苦に無理心中しようと自宅に火を付けた被告の現住建造物放火事件などが、その例だ。神戸地裁（同一二月三日）での殺人事件のように、実際に命を奪っても実刑としなかった判決もある。長年介護をしていた義理の姉を殺害した被告の心神耗弱が認められたケースだった。京都地裁（同一二月一七日）でもアルコール依存症の長男を殺害した八六歳の被告に執行猶予が付けられた。（朝日新聞二〇〇九年一二月二九日）

ここで紹介された事件については、朝日新聞は、裁判員裁判によって、**殺人既遂でありながら執行猶予が付けられた判決を「寛大」と評価、肯定的**に取り扱っている。

裁判員裁判の中で出された「温情判決」については、家庭での介護などの事件では、**市民に身近な事件として、裁判員はそれぞれの被害者や被告人の立場に自分を置き換えることができ、**市民感覚が生かされる場面と強調されてきた。

確かに、この事件では裁判員が介護疲れの被告人に同情のようなものを感じるのはもっともかもしれない。そして、通常よりも大幅に減刑されたことにも一般的な感情からは納得がいくかもしれない。市民感覚の反映だとマスコミが絶賛する典型例だ。

裁判官のようなエリートは家庭での介護の現状がわからず、市民なら理解できるということまで言われていた。

では加害者が病院や老人ホームなどの施設の担当者だったらどうだろうか。

時折、施設の担当者が老人に対して暴行や暴言をしたと報じられる。こういった報道を聞いて一般的に湧き上がる感情は、施設の担当者がこのような虐待をするなんてとんでもない、信頼して大切な父・母をあずけていただろうになんて奴だ！　というものだろう。施設である以上、無償のボランティアではなく、利用者は対価を払っている。それでいながら虐待するなど言語道断、決して許せぬ、というわけだ。しかも身内が被害者であるから、怒りは相当なものになるだろう。

こういったケースでもし虐待の結果、死に至り、刑事裁判になれば、裁判員はより重い刑が科されるように考えるのは自然かもしれない。市民感覚の出番である。

しかし、介護の現場では、どのような労働条件で働いているのかという点にまで目がいっているだろうか。介護労働が重労働の割には低賃金であることは常識だ。慢性的に人手不足でもある。私の知人は、母親が認知症になり、何年も苦労し、その後、施設に入れた。そのときの話が強烈であった。「私は、この認知症の母に本当に苦労させられた。ましてや他人が面倒みるなんて思っただけでも申し訳ない、報道されているような虐待があったとしても、とてもじゃないが文句なんて言えない」と言うのである。高額報酬ならいざしらず、低賃金でこのような労働を担わされる人たちに対する配慮であるが、介護職員が退職して逃れられるという点を除けば両者に大きな違いはないのだ。

さて、以上のことからも、社会福祉全体の貧困の問題と考えれば、別の違った感覚で捉えることができるかもしれない。誰かがその過酷労働を担わなければならないからだ。要は、感覚とは、その程度のものだということである。どのような事情を考慮するのかで違ってきてしまうような市民感覚あるいは事件に対する共感とは、人を殺したら死刑だ！　といった純粋強固なものではなく、実は極めて曖昧なものであることがわかるだろう。

もともと裁判員は無作為抽出で選ばれるのが建前であり、**家庭での介護に理解があるかどうかなどはその選任基準にはなっていない。介護とは全く無縁の人だって裁判員になる**であろうし、裁判官だって家庭では介護問題を抱えているかもしれない。このように考えれば介護の理解が深い＝市民感覚という出発点の発想にこそ飛躍があることに思い至らなければならない。そもそもの出発点自体が感覚的なのだ。

もちろん、事件によって固有の事情があり、量刑に幅があるのは当然だが、そもそも量刑判断が裁判員の感覚判断であるならば、必然的に検察官も弁護人もこの裁判員のあいまいな感覚に訴えるような主張（パフォーマンス）となり、公正な裁判とはほど遠い、印象操作の競争のようなことになってしまうことも問題なのである。

社会問題が隠ぺいされる

家庭内の虐待も施設での虐待も、誰かが担わなければならないという点ではどちらも似たような境遇であり、本来は問題の背景にこそ目が向けられなければならないはずだ。「家族間で寛大」というように「寛大な判決」だけで終わらせてよい問題ではないということだ。

今回のような事件の背景には**介護福祉政策の貧困があり、各家庭などの現場に介護の責任が押し付けられている**という実情がある。その矛盾の最たるものが家族間での殺傷事件に至ることなのだが、真実、裁判員に市民感覚としての共感があるならば、減刑もさることながら、むしろこの介護福祉の貧困こそ解決しなければならないと訴えてもよいはずなのである。

福祉の貧困のツケが家庭に押し付けられているが、もしこれが厳罰化され、福祉政策の貧困とその矛盾に目が向けられれば、為政者としては面倒なことになる。同様に施設の職員に同情が集まることは、人件費負担増のための福祉予算の増大を招き、これまた為政者としては困るのである。

いわば裁判員制度の導入が**「市民感覚」の名の下に国民の不満を為政者から遠ざける役割**を担う一面もあるとさえ言えるのだ。マスコミのような「温情判決」という報道の在り方は、裁判員たちよ、よくやったと持ち上げるだけで、それ以上の思考が止まってしまい、本来、目を向けなければならない福祉の貧困まで発想をつなげることはほとんどないのである。

後述する少年事件では、少年法の刑では軽すぎるという裁判員の「感想」ですらも立法による刑罰引き上げの理由の一つにされた。しかし、**社会の福祉の貧困が議論されるとき、この「温情判決」が引き合いに出されることはない。**

もっとも、マスコミの社説の中にはこのような問題点を指摘するものもある。

高齢世帯への社会的支援のあり方である。被告は妻と二人暮らし。脳梗塞やパーキンソン病のため歩行が不自由で、妻も足腰が悪かった。（略）この夫妻に対し行政や民生委員のかかわりはあったのか。結果論とはいえ、見守りや情報の共有、連携ができていれば、事件を防げた可能性はないか。（信濃毎日新聞二〇一〇年一二月二三日）

社会問題としての背景を指摘している点では、「温情」思考より奥が深い。

裁判員裁判をドラマのように見立てていないか

このように深刻な社会問題といったシリアスな側面を積極的に覗き込むべきであるにもかかわらず、マスコミは裁判員裁判をテレビドラマのように考えている節がある。次のような記事をどのように考えるべきだろうか。

〈裁判員裁判で判決　市民感情を強く反映〉

佐賀地裁で県内初の裁判員裁判の判決が下った。五年前に三養基郡基山町で、父親が家族に暴力を振るっていた実の息子を殺害した事件。検察の求刑は**懲役一三年**だったが、**判決は五年**だった。裁判員の市民感情が、判決に強く反映された結果と考える。

裁判員から被告への質問には、審理の奥底をうかがわせるような鋭さも見られた。「妻からの悲鳴のような声で電話があったのに、なぜすぐ家に帰らなかったか」に被告は「仕事が忙しかった」。「凶器としての包丁でなく工具を選んだのはなぜか」。被告は「覚えていないが、殺すためだったら包丁だと思う」と答えた。被告が事件の一番の原因を「息子をきちんと育てることができなかった」と説明したのに対し、女性裁判員が「育て方は家庭で違う。間違いというのはないのでは」と感極まる場面もあった。**専門家だけの裁判では、これほど人間ドラマは浮き彫りにならなかったのではないか。**（佐賀新聞二〇〇九年一二月一八日）

〈裁判員制度：市民感覚、被害者の力に……施行三年〉

弁護人の質問に「普段は代行運転を利用していた」と答えた被告。飲酒運転を「たまたま」と強調する姿に怒りを覚えた。「代行運転の代金はいくらですか」。**裁判員は自分の疑問と同じ質問を聞いてくれた。**被告はあいまいな答えしかできず、裁判員を心強いと感じた。

遺族が知りたいのは事件の法律的な解釈ではなく「なぜ家族が死ななければならなかったのか」ということ。飲酒運転に至る経緯や加害者らの上下関係について被告に繰り返し問う裁判員を「裁判官より被害者の感覚に近い」と感じた。

女性（裁判員）は、朝から晩まで夫が営む飲食店を手伝う。娘一家と同居して孫たちと食卓を囲み、にぎやかに毎日を過ごす。リストラや派遣社員の経験はない。「働いてきたから今の自分がある」と自然に思う。「社会復帰したら仕事を探す」という被告の言葉にはうなずけたものの、**「人の顔見てもの言わんと、反省と言えるんかな」**。男の人生と交わる部分は感じられなかった。（毎日新聞二〇一一年六月二四日）

男性（裁判員）は「生き方を糾弾したかったわけじゃない。過ちを**自分の言葉で説明できないうちは本当の意味では反省しているとは言えない**と思う。」（毎日新聞二〇一〇年五月一五日）

どの記事も裁判員が関与する法廷がなまなましい人間ドラマになったと言わんばかりである。従来の刑事裁判では、機械的に反省の有無と事件の概要を審理し、機械的に量刑が決められてきたというような印象で報道されている。それに対して、裁判員は一つの裁判だけに関わるから、全身全霊でその裁判だけに関わろうとする、これが職業裁判官のルーティンワークとの違いだ、だから裁判員制度の導入の意義があったと言われることがある。

しかし、凶器に使ったものが包丁ではなく、自分が使っていた工具であるかどうかとか、そこでのやり取りが何故、「人間ドラマ」として評価されるのかがわからない。その裁判員の質問によって、裁判結果に対し、どのような影響があったというのであろうか。

あるいは、前掲飲酒運転の事件では、家族が何故、死なねばならなかったのか、裁判員が代行運転の代金がいくらかなどの質問を被告人にぶつけてみても、結局は、単に被告人を法廷の場でやり込めたというだけのものでしかない。犯罪被害者はそのようなところにスカッとした想いを感じるのかもしれないが、ここで質問された**何故、代行を頼まなかったのかなどという程度のものは、訴訟当事者（裁判官、検察官、弁護人）は織り込み済み**である。

さらに、被告人の反省と言ってみたところで、その被告人がどのように反省を示せるかは実は被告人にとっても大きな課題なのだ。自分の言葉で反省が言えなければ反省として不十分なのは裁判員の言葉を借りなくても当然のことだ。後述するように被告人がうまく反省を述べられていないと怒鳴りつけた裁判員もいた。しかし、そもそも悪いと分かっていながら何故、犯罪を犯すのかを反省の言葉として述べることは実は案外難しく、自分自身の言葉で自分を律することは容易ではないのが現状だ。特に**犯罪に陥る層は、貧困層であったり、低学力などが問題とされており、そもそも語彙自体が貧困だったり、考える力も不足していることも少なくない。**このような社会的背景に思い至らないで、「被告人に自分の言葉ではないから反省がない」などと一刀両断に切り捨ててしまうだけでは、やはり表層的なのだ。

刑事裁判は、ドラマを見るところでもなければ、感激する場でもない。

次の記事をご覧頂きたい。非常に重たいものを感じないだろうか。宮崎市で二〇一〇年三月に起きた家族三人殺害事件だ。


〈宮崎市の家族三人殺害事件　傍聴席から見えなかったもの「義母から逃れたかった」被告が明かした犯行動機〉

「親子三人で暮らしたかった。ただそれだけです」。でも、それはかなわない。ならば――。

裁判員に説明しようと思った。だが、被告人質問では多くの質問に「分からない」と答えてしまった。「『分からないなら、分からないでいい』と言われていたので、すぐに答えられない質問は全部『分からない』と答えたんです」。判決を読んで、一審をやり直したいと思ったという。

福岡高裁宮崎支部の控訴審で実施された心理鑑定で、ベテランの臨床心理士は、O被告の心をこう描いた。「義母の叱責と生活苦、睡眠不足で心身が極度に疲弊し、短絡的になりやすかった。義母と妻子が一体で、O被告だけ別世界にいるような孤独を感じていた」

O被告も「ずっと言葉にできなかったことが、ここには書いてある」と感じた鑑定書。

二二日の控訴審判決は、その内容をほとんど受け入れ、O被告の反省も認めた。（47NEWS

二〇一二年七月一三日)

法廷で淀みなく、また適確に質問に答えられる被告人は多くはない。普通は、時間を掛けて審理するのが当たり前なのに裁判員裁判は時間に追われているから、「分からないなら、分からないでいい」で審理をすっ飛ばすようなことをしても何の疑問にも思わず、裁判員裁判の判決では「反省がない」と一刀両断にできるのだ。

これがドラマなどと、どうしていうことができようか。

障がい者差別判決を正面から批判できないマスコミ

このように、裁判員制度に対して批判的検証態度が無いマスコミは、その判決のもつ根幹部分の問題点を指摘することができない。次の事件はその典型だ。

アスペルガー症候群の被告人が姉を殺害した事件であり、三〇年間、引き籠もりだった被告人(男性四二歳)は、これまで面倒を見てきてくれた姉(四六歳)が生活費を出さないと言ったことを姉の報復と思い込み、殺害を決意し、逃げ惑う姉を追い掛け、何度も包丁で刺したというものだ。

大阪地裁は検察官の**求刑一六**年を大きく超える**懲役二〇**年の判決を下した(二〇一二年七月三〇日)。

この判決では、「家族が同居を望んでいないため**障がいに対応できる受け皿が社会になく、再犯の恐れが強く心配される。許される限り長期間、刑務所に収容することが社会秩序の維持に資する**」ということが理由とされたが、この判決を見たとき、これは障がいに対する無理解であり、治安維持を優先させたものと思う人もいるだろう。社会に受け皿がないのであれば、本来、受け皿がないこと自体を問題にすべきであるのに、この判決はそれさえも重罰化の根拠にしてしまう始末なのだ。

職業裁判官では絶対にあり得ない判決理由だ。まさに**裁判員裁判ならではの判決**なのである。産経新聞は識者や元裁判員を使って次のように肯定的に報じている。（二〇一二年八月一二日）

量刑理由で「再犯の恐れ」や「社会秩序の維持」に強く言及した今回の判決について、元最高検検事の土本武司・筑波大名誉教授（刑事法）は「責任能力に問題がない以上、刑罰を決めるにあたっての最も重要な点は社会秩序の維持だ」と強調。「被害者に落ち度はなく、裁判員の判断は常識にかなっている。裁判員裁判を導入した成果だと言える」と評価する。

裁判員の経験がある大阪府内の男性は「一般的な感覚として妥当な内容だと思う。罪を犯した以上、それに応じた罰を受けるのは当然だ」と判決に共感を示し、「障がいがあるのは気の毒だが、だからといって周囲に迷惑をかけて良いわけではない」と述べた。

この判決を肯定している点で、産経新聞の裁判員制度に対する態度は一貫していると評しうる。

しかし、他のマスコミはどのように論じたのか、その社説の題目をみてみよう。

朝日新聞　求刑超え判決――障がいへの偏見が過ぎる
読売新聞　厳罰より支援の拡充が大切だ
毎日新聞　発達障がい者判決　厳罰より社会支援を
東京新聞　大阪の殺人判決　障がいに無理解過ぎる
神戸新聞　発達障がいと裁判／懲役で「秩序」は守れない
南日本新聞　［発達障がいと判決］偏見を助長しかねない
北海道新聞　求刑超え判決　懲役は「隔離」のためか

これらの社説の特徴は、判決（量刑やその理由）に対する批判はあっても、**裁判員制度そのものについては全く触れていない**ことだ。中には触れているものもあるが、例えば、読売新聞の社説は「裁判員に障がいの特性を正しく理解してもらうために、裁判官は十分な対応を取ったのか、首をかしげざるを得ない」とあり、北海道新聞の社説は「この裁判には市民が裁判員として参加した。裁判官が障がいの特徴などを理解し、量刑判断の在り方も含め、裁判員にどれだけ丁寧に説明したのか、との疑問もわく」と裁判官の説示※の在り方に問題があるかのように指摘しているだけである。**裁判官の説示の問題に矮小化するだけで、裁判員が批判されることは絶対にない典型例**なのだ。（※説示＝裁判長が裁判員に対して、刑事訴訟手続きや審理の内容などを説明すること。）

裁判員裁判を絶賛するのであれば、まさにこのような判決こそ産経新聞の記事にあるように市民感覚の結果であることを正面から認めたら良いではないか。明らかにおかしな理由・結論でありながら正面から「裁判員」も含めた批判ができないのは、マスコミが「裁判員」を神聖なものとして扱っているからだ。

しかも、この判決の持つ問題は、アスペルガー症候群などの精神疾患の問題に対して重罰が科されたということにとどまるものではなかったという点だ。

二〇一一年四月一八日に栃木県鹿沼市で引き起こされた事件は、登校中の児童六人が死亡するという悲惨なものだった。運転手がてんかん持ちだったため、危険運転致死傷罪の対象になっただけでなく、運転免許の取得の方法にまで直結し、間髪を入れず道路交通法の改正が提起され、二〇一三年五月には改正されてしまった。

運転免許の取得・更新の際の診断書の提出の義務づけなど、てんかん患者を社会から排除するかのような動きがあまりにも迅速になされた。これではかえって、**てんかん患者を社会の中でますます追い詰め、自己申告や治療の機会を奪うのではないかという日本てんかん協会から**

の懸念（「自動車運転死傷処罰法および改正道路交通法の施行に関する声明」二〇一四年六月一日参照）には全く応えようとするものではなかった。

このように社会の至るところに、障がいや疾患を持った人たちを排除してしまえという動きがあり、今回の大阪地裁の判決が裁判員制度による結果であることを考えれば、それは社会の考え方の反映でもあるのだ。

産経新聞はともかく、他の大手新聞がこの問題を正面から問うことができないのは、「市民」という名に迎合し、何が正しいのかという視点がすっぽりと抜け落ちてしまっているからだ。それはとりもなおさず**裁判員制度が「市民感覚」を反映する正しい制度**ということを大前提に、自家中毒を起こしているからである。

なお、この大阪地裁の障がい者差別判決は、大阪高裁で是正され、原審**懲役二〇年が一四年**に減刑され、最高裁で確定した。**検察側は上告はしていない**。裁判員裁判の判決を否定したが当然のことである。

市民感覚とは結局は結果責任を問うもの

このアスペルガー症候群の事件に対する裁判員の判断（量刑のみならず判決理由）があまりに露骨だったため、マスコミでも大きく報道された。マスコミにとってもよほどショッキングだったのだろう。しかし、責任能力の問題に関する似たような事件では、次の事件が報道されはしたものの、その取り扱いは小さく、知らない方も多いのではないか。高齢者施設で、被告人（八七）が入所者の二人を死傷させたとして殺人等の罪に問われた事件だが、争点だった責任能力の程度について、**妄想性障がいの影響を指摘する精神鑑定結果**が公判に提出されていた。

幅田裁判長は「妄想性障がいには妄想以外の症状はなく、犯行は本人の人格に起因する。善悪を判断した上で各犯行を決意した」とし、**検察側と弁護側が主張した限定責任能力をいずれも退けて**完全責任能力を認定。（毎日新聞二〇二二年一〇月九日）

その結果、求刑**懲役一二年**を上回る**懲役一六年**の判決だった。

責任能力が喪失または減退していれば、責任を問えないまたは刑を軽減するというのは近代刑法の大原則なのだ。この事件では、**検察側も責任能力が減退している点については認めているにもかかわらず**、裁判員裁判は責任能力が減退していることを認めなかった。それもそのはずで、「市民感覚」では一般的には「**責任能力がないからといって刑事責任が問われないなんて許せない！**」というものだからだ。アスペルガー症候群の事件の発想と全く同じで、ここで共通しているのは、精神疾患があろうと、次項でみるように少年であろうと行為とその結果によって量刑を決めるというものだ。

裁判員制度が実施される前の裁判所主催の模擬裁判での模擬裁判員の意見が非常に参考にな

る。もちろん、実際の裁判員裁判であれば守秘義務があるから表に出てこない本音でもある。

裁判員六人と裁判官三人は責任能力を一部認めて心神耗弱とすることで一致したが、量刑判断では「人を殺したのに（求刑）一〇年は軽すぎる」「被害者の遺族の思いも考えるべきだ」との声が相次いだ。（朝日新聞（関西版）二〇〇七年一二月一日）

市民感覚からすると、重大な結果を引き起こしたのであれば厳罰という結論しかないことになる。自分の理解の範ちゅうを超えるものを考慮するという発想自体がそもそもない。裁判員にとって介護殺人は理解できてもアスペルガー症候群は理解できないだけでなく、理解する必要もないということなのだ。

もちろん、責任能力が問題とされるすべての裁判員裁判に同様の傾向があるというわけではない。責任能力なしで無罪となった裁判員裁判もある。問題なのは、**裁判員裁判であるが故に突出している判決であるにもかかわらずマスコミが正面から裁判員判決を批判できない**ことにある。

少年を見捨てる社会

最初に少年事件がクローズアップされたのが、宮城県石巻市で起きた少年による二人に対する殺人、一人に対する殺人未遂事件だ。

少年（一八）は交際を拒否された元交際相手（一八）の姉（二〇）とその友人の女性（一八）を殺害、男性一人に重傷を負わせ、元交際相手を連れ去った。

当初から死刑求刑が予想された事件で、この事件ではわずか**五日の審理と三日の評議**で、あっという間に死刑判決が下された。この短い期間で本当にきちんと評議されたのか、専門家だけでなくマスコミの中からも疑問が示されているが、当の裁判員の感想は次の様なものだ。


（期間について）「（自分の）精神状態を加味しての感想としては十分だった」と述べ、他の男性裁判員は「ちょうどいいぐらいだった」。（毎日新聞二〇一〇年一一月二六日）


要は、裁判員は、時間を掛けたくない、掛けても結論は変わらないという姿勢だった。この事件では多くのマスコミの論調も評議の時間はあまりに短かすぎるというものであったが、裁判員にとってはそうではなかったのである。

審理期間を短縮するために切り捨てられたのは、まさに少年であるという事情の説明である。従来であれば少年法の理念では可塑性に富んだ少年についてはその量刑においても当然に考慮されてきたし、そのためにもその少年の生い立ちを調べることも重要なことだ。

ところがこの刑事裁判では、家庭裁判所の調査官が作成した社会記録は、その一部しか取り調べがなされなかった。しかも時間にして三〇分のみ（河北新報二〇一二年五月一二日）。これは**社会記録が少年の生い立ちから始まる膨大な記録**であるから、裁判員には理解を得るのは難しいだろうという弁護人の判断で一部しか証拠請求がなされなかったものである。この裁判でも弁護人の方針は、終始、裁判員を意識したものになったと思われる。なお、裁判員制度導入に伴う弁護活動の問題は第七章で後述する。

さてその充分とはいえない審理の結果が死刑判決だったわけであるが、それに対するマスコミの論調は次のようなものであった。

産経新聞　〈極刑、毅然とした選択　少年事件に一定の道筋〉（一一月二六日）

毎日新聞　〈少年に死刑判決　犯情からみてやむを得ず〉

裁判員が臆することなく極刑を選択した。（一一月二六日）

事件時の年齢は「総合考慮する一事情にとどまる」と重きを置かなかった（略）プロの判断が裁判員にも支持された。（一一月二五日）

読売新聞　〈三人殺傷死刑　少年事件を考える契機に〉（一一月二六日）

朝日新聞　〈少年に死刑判決　更生より厳罰選んだ裁判員〉（一一月二六日）

　　　　　〈少年死刑判決――いっそう重い法曹の責任〉（一一月二六日）

中日新聞　〈少年に初の死刑　究極の判断だったが〉（一一月二七日）

悩みに悩み抜いた、市民の結論と受け止めねばならない。（一一月二六日）

中國新聞　〈裁判員と少年事件　荷が重すぎる極刑判断〉（一一月二六日）

河北新報　〈少年に死刑判決／裁きの負担重すぎないか〉（一一月二六日）

岐阜新聞　〈少年に初の死刑判決　情報公開と検証を求めたい〉（一一月二六日）

西日本新聞　〈少年に死刑判決　市民が裁くには酷すぎる〉（一一月二六日）

京都新聞　〈少年に死刑判決　裁判員の苦悩より深く〉（一一月二六日）

信濃毎日新聞　〈少年に死刑　重い判決で見えた課題〉（一一月二七日）

新潟日報　〈少年に死刑判決「迅速審理」に危うさ残る〉（一一月二七日）

デーリー東北新聞　〈裁判員、少年に死刑　感情に流されず冷静に判断〉

（一一月二七日）

山陽新聞　〈少年に死刑判決　厳罰への議論は尽くせたか〉（一一月二七日）

南日本新聞　〈[少年に死刑判決]　情報公開と検証が必要〉（一一月二七日）

くまにち　〈少年に死刑判決　裁判員裁判の貴重な先例〉（一一月二七日）

沖縄タイムス　〈[少年に死刑判決]　制度考えるきっかけに〉（一一月二九日）

北海道新聞　〈裁判員裁判　少年事件はなじむのか〉（一一月二七日）

大手新聞から見て取れる傾向は、裁判員が関与した判決だから、いくら少年であっても死刑判決はやむを得ない、あるいは当然だというものである。地方紙の多くは、むしろ少年事件を裁判員裁判の対象とすることに消極的な姿勢が読み取れる。

厳罰化されることは明らかだった

実は、裁判員裁判が始まる前であるが、二〇〇五年に司法研修所「刑のあり方に関する意識調査」において、少年であるという事情が刑を重くする要素になるのか軽くする要素になるのかということについて調査が行われたことがあった。

そこでの回答は、上記表の通りである。（NHK二〇〇八年四月二二日付時論公論「少年事件と死刑の判断基準」より）裁判官にとって少年であることは刑を重くする要素では全くないが、**一般国民では四分の一も重くする要素**と全く逆の感覚を示していた。

表　少年であることに対する意識調査

	裁判官	国民
軽くする要素	90.7％	24.7％
重くする要素	0.0％	25.4％

少年事件を裁判員裁判の対象とすれば、それがどのような結論が導かれるのかは最初から予想できたことであった。

石巻少年事件の裁判員は、「個人的には**一四歳、一五歳であろうと悪いことをしたら大人と同じ刑で判断すべき**だ。そう心掛けて参加した」（山陽新聞二〇一〇年一一月二七日）と終了後の記者会見で述べている。産経新聞は裁判員経験者の声として「裁判員経験者の男性（六八）も『刑を重くすればよいというものではないが、**未成年だからと区別するのは甘いのではないか**』と話す」（二〇一二年九月七日）と報道しているが、これが一般的な感覚であろう。

しかし、本来刑事裁判の常識であったのは、少年に対しては厳罰で臨むのではなく、少年の育成が中心とされなければならない、ということだ。少年期には過ちを犯しがちであり、それは少年の成長期の中では必然的に起きるもの、その意味では程度の差こそあれ誰もが通る過程と考えられている。そのためにこそ専門的な観点から審理されなければならず、その際も社会記録の精査などがなされる必要があった。従って、**裁判員裁判でも、そのような社会記録の読み込みが裁判員にできるのかが問われるのであるが、現実には無理**である。少年事件を裁判員裁判の対象とすることに疑義が出てくるのもこれが理由の一つでもある。

そして、根本的な問題は、何故、今の日本の社会がこのような少年を生み出してしまったのかということである。厳罰によってこのような少年を排除してしまえば済むという問題ではない。裁判員裁判が問題ある少年に理解を全く示さず排除する姿勢しか持たずに葬り去るだけであれば、社会にある原因を取り除くという発想には結びつかず、必ずや第二、第三の同じような少年が出現してくるであろう。理解できない、理解しようともしない裁判員にとっては、その少年はモンスターでしかなく、モンスターの出現に慌てふためく大人たちの滑稽な姿なのだ。

しかし、二〇一四年四月には少年法の厳罰化を柱とした少年法の「改悪」法案が国会で可決されてしまった。しかも、政府が少年法の厳罰化への改正の根拠としたのが、裁判員裁判を経験した裁判員の感想だった。

法務省は、少年法について、裁判員を経験した人たちなどから「**成人と比べて量刑が軽すぎる**」といった指摘が出ていることを踏まえ、有識者による会議を開くなどして検討を行い、改正案をまとめました。（NHK二〇一二年九月四日）

今回の少年法の改悪に対して、マスコミの論調は次のようなものであった。

〈「更正が原点」を大切に〉（毎日新聞社説二〇一四年四月一八日）

〈少年の重大犯罪　厳罰化〉（読売新聞二〇一四年四月一一日夕刊）

〈少年法改正　更生の視点をつらぬけ〉（朝日新聞社説二〇一四年四月一一日）

〈「罪に見合う刑を」改正少年法　厳罰化に懸念も〉（北海道新聞二〇一四年四月一一日）

それでもいくつもの新聞が、少年法の理念としての更生の視点は持ってはいるものの、その背景にあった裁判員による感想や、厳罰化を批判する視点は残念ながらなかった。

では、**過去の少年法改正**のときはどうだったかと言えば、次のようになる。

二〇〇八年改正

〈改正少年法　更正との両立難題　被害者の傍聴容認〉（朝日新聞二〇〇八年六月一一日）

二〇〇〇年改正

〈刑罰で犯罪減るのか……受刑者教育に不安〉（北海道新聞二〇〇〇年一一月二八日）

〈「厳罰化」で歯止め〉（毎日新聞二〇〇〇年一一月二八日）

〈一九四八年の同法制定以来の基本理念である「保護主義」は根底から見直しを迫られることになる〉

〈問題意識よりも成立優先〉

〈残された課題は多い〉（朝日新聞社説二〇〇〇年一一月二八日）

〈厳罰化に重点〉

少年法は年を追うごとに改悪され厳罰化に突き進んで来たが、マスコミの論調は、最初から厳罰指向の一部マスコミを除けば、右に見るように二〇〇〇年時の少年法改正時では概して批判的であった。しかし、それが明らかに批判がトーンダウンしていく。二〇〇八年改正では、大手で社説を載せたのは朝日新聞のみであった。少年法の理念は述べるものの、その背景となった厳罰化を求める声、それは大衆だったり元裁判員だったりするわけだが、その背景となる風潮そのものへの批判的なトーンが消えていく。

それはそうだろう、少年事件に対する死刑判決でも、少年法の厳罰化にもその根底には裁判員制度があったが、そこには「市民感覚」こそが是という確信があった。光市母子殺人事件

（一九九九年四月発生）以降、マスコミは露骨に大衆迎合的になってきたが、今回のマスコミの論調はその延長線上にある。

そして、このマスコミ自身が金科玉条のごとく用いる「市民感覚」という言葉の前にマスコミは自らを縛っただけでなく、批判精神が抜かれてしまった姿を露呈した。厳罰化でしか少年犯罪に対処し得ない日本社会は確実に劣化しているといえる。

そして、二〇一三年六月に広島県呉市で発生した少女（犯行時一六歳）らによる少女（一六）殺害事件（LINEによるトラブルで集団で少女を殴る蹴るなどの暴行により殺害した強盗殺人事件）においても、判決は懲役一三年。毎日新聞は次のように評した。


社会的注目を集めた二四日の広島地裁判決は、裁判員たちが成人や少年の区別なく罪に応じた刑罰を科すべきと判断した結果といえる。この日の判決は市民感情を反映し、少年を特別視しない昨今の傾向が踏襲された形だ。（毎日新聞二〇一四年一〇月二五日）

マスコミが裁判員制度をどのように見ているか――裁判員法合憲判決

マスコミは最初から裁判員制度を市民の代表が刑事裁判に関与する仕組みとして絶賛してきた。そこには改良すべき点はあるとしても決して制度自体が根本的に見直されることは想定していなかった。裁判員制度の合憲性が問題とされた事件（覚せい剤を営利目的で密輸しようとした事件）では最高裁は、二〇一一年一一月一六日、いとも簡単に合憲判決を下したが、その翌日の各紙の社説は裁判員制度が合憲であることを、みごとなまでに当然視している。

〈裁判員合憲　守秘義務を緩める契機に〉（産経新聞二〇一一年一一月一七日）
〈裁判員制度合憲　肉声を生かし定着図れ〉（毎日新聞二〇一一年一一月一七日）
〈裁判員制度　合憲でも課題は残る〉（中日新聞二〇一一年一一月一七日）
〈裁判員制度　定着への礎となる「合憲」判断〉（読売新聞二〇一一年一一月一七日）
〈裁判員は合憲――市民が司法を強くする〉（朝日新聞二〇一一年一一月一九日）
〈裁判員制度たゆまず改善を〉（日経新聞二〇一一年一一月一七日）
〈「裁判員」合憲／市民の良識を信じてこそ〉（神戸新聞二〇一一年一一月一八日）
〈［裁判員制度合憲］課題を解決する節目に〉（南日本新聞二〇一一年一一月一八日）
〈裁判員制度合憲　必要な見直しは続けたい〉（西日本新聞二〇一一年一一月一八日）
〈裁判員制度合憲　改革は道半ば、自覚せよ〉（琉球新報二〇一一年一一月一八日）
〈より良い形へ改善を怠るな〉（高知新聞二〇一一年一一月一八日）
〈裁判員制度合憲　定着には一層の努力が必要〉（山陽新聞二〇一一年一一月一八日）
〈裁判員は合憲　制度の見直しを怠るな〉（信濃毎日新聞二〇一一年一一月一八日）
〈裁判員制度　定着には運用改善が要る〉（新潟日報二〇一一年一一月一八日）

〈裁判員裁判　合憲判断も課題は山積〉（北海道新聞二〇一一年一一月二一日）

この事件に対する社説では、被告人の人権保障という観点から刑事裁判手続きとしての裁判員制度の問題点を指摘するものは、ほぼ皆無であった。

指摘された問題点・改善点は、裁判員の守秘義務とか心のケアのようなものばかりが「改善点」として挙げられているだけで、裁く側の視点しか見出すことができないのである。別事件の補充裁判員の感想は、制度が合憲であることを当然とした上で「**自らの経験から『裁判所はいろいろと気を使ってくれる。人権侵害ではない**』と述べ」（下野新聞二〇一〇年四月二三日）たそうであり、いかにもピントがずれている。

その中で北海道新聞の記事は裁判員制度の疑問点を正面から指摘している。

〈裁判員「合憲」経験者疑問符も〉

合憲判断が下されたとはいえ、制度開始から二年半がたち、数多くの課題が浮かび上がってきたことは衆目の一致するところだ。にもかかわらず、判決が現行の制度について、適正な裁判がおこなわれることは十分に保障されていると断定したことには違和感を覚える。例えば、裁判員裁判では裁判員の負担の軽減のため公判日数が大幅に短縮され、事前に証拠を絞り込む公判前整理手続も取り入れられた。十分な弁護が難しくなり被告人の防御権が侵害されるとの懸念や、否認事件や明確な証拠に乏しい事案で適切な審理ができるのか、といった指摘が制度の開始前から出ていた。その懸念が現実化してきたとする声は、法曹界には少なくない。（略）**国民の要望で実現した制度ではない。**定着させていくというのなら、国は課題や問題点を徹底的に検証し本気で改善に取り組むべきだろう。（北海道新聞二〇一一年一一月一八日）

このように、北海道新聞は、元裁判員の疑問を「『辞退できないのは人間の自由を奪うので違憲だ』と最高裁の判断に真っ向から反対する」と報じ、疑問を投げかけたのだ。

一部の論調を除けばマスコミは裁判員制度については最初から憲法違反かどうかなどの関心はない。彼らにとって裁判員制度は正義の制度なのだ。

次は、マスコミが報道するような、「裁判員裁判がうまく運用されているしよかったね」というウソを暴いて行こう。

第二章　出頭率の真実

――裁判員制度は円滑に運用されているというのはホント？　その1

マスコミの論調は「裁判員制度は円滑に運用」

裁判員制度が二〇〇九年五月に始まってから、はや六年が経過する。裁判員制度が始まった当初はマスコミの裁判員制度に関する報道も多かったが、最近は報道の量は明らかに減った。

それでもマスコミ報道として一貫しているのは、「裁判員制度は円滑に運用されている」という報道姿勢である。裁判員制度の運用に問題があれば、それは裁判所や検察、弁護人に問題があると考え、一層の努力をせよと主張する。「［審理期間および評議が］一〇〇日はいかにも長すぎないだろうか。制度施行三年後の今年は見直しが予定されている。裁判の一層の迅速化を、その重要な検討課題としてほしい」（産経新聞二〇一二年一月九日）というように。

マスコミが裁判員制度が円滑に運用されているとする根拠は、次の三つが考えられる。①呼び出しを受けた人の出頭率は八割前後であること。②国民の反応も上々で裁判員を経験して良かったというのが九割以上であること。③公判前整理手続などにより審理期間は短縮できたも

図　当局の出頭率の計算方法

$$\frac{\text{実際の出頭数}}{\text{選出された候補者数} - \text{予め高齢等で辞退を申し出た数} - \text{不在等で送達されなかった数} - \text{今回の事件で事前に辞退が認められた数}} \times 100$$

のの、なお長期の審理があるが、裁判員がこれを支えていること。
本章では、①の出頭率を見ていくこととし、次章以降で、②③を見ていく。

出頭率八割について

マスコミが報じる「出頭率八割」について、どのような印象を持つだろうか。呼出を受けた国民（裁判員候補者）の八割が真面目に出頭要請に応じているという印象ではないだろうか。

しかし、その出頭率八割という数字は、実態を表している数字ではない。報道されている出頭率は上の図のように算定している。

裁判所がいう出頭義務がある者はこの算定式によって算定されるが、実際は、裁判所の裁量で**事前の辞退を幅広く認めて出頭義務者から除いていくため**、事実上、出頭したくないという人を除いた数が母数となり、高い出頭率となって出てくる。この出頭率の計算方法は当局による計算方法であるが、マスコミは当局の発表の数字をそのまま報じている。

実際の出頭状況を最高裁の資料から見てみよう。

左の表は、最高裁の二〇一三年における裁判員裁判の実施状況等に関

表　出席した裁判員候補者数及び出席率（実審理予定日数別）

	総数	実審理予定日数			
		2日内	3日	4日	5日以上
判決人員	1,387	13	233	375	766
選定された裁判員候補者の数（A）	[97.5] 135,207	[80.8] 1,060	[83.2] 19,397	[85.8] 32,166	[107.8] 82,591
呼出状を送付した裁判員候補者の数（B）	[68.9] 95,541	[54.6] 710	[59.3] 13,828	[61.2] 22,951	[75.8] 58,049
呼出取消しがされた裁判員候補者の数(C)〔うち、辞退申出によって呼出取消しがされた裁判員候補者の数〕	[31.3] 43,451 [29.9] 41,465	[22.5] 293 [21.5] 279	[25.0] 5,831 [23.8] 5,543	[26.1] 9,783 [24.8] 9,306	[36.0] 27,544 [29.9] 41,465
選任手続期日に出席した裁判員候補者の数（D）	[27.8] 38,527	[23.9] 311	[26.2] 6,104	[26.5] 9,926	[34.4] 26,337
出席率（%）（D／（B－C））	74.0	74.6	76.3	75.4	72.7
選定された裁判候補者のうち、選任手続期日に出席した人の割合（%）（D／A）	28.5	29.6	31.5	30.9	26.9

する資料の中に掲載されているものでありこれで出頭状況がわかる。次頁の表は、二〇〇九年から二〇一三年までの当局発表の出頭率を表にしたものである。当初の年度は八三・九%であり、これが出頭率八割の根拠となっている数字である。この数字も実施当初こそ「高水準」を示していたわけであるが、これも年々、下降しており、二〇一三年度では**七四・〇%にまで低下**していることがわかる。

なお、出頭率という言葉は、もともと裁判員法で規定された「出頭」を念頭においている。条文では次のように規定されている。

第二十九条　呼出しを受けた裁判員候補者は、裁判員等選任手続の期日に**出頭**しなければならない。

要は、裁判員制度では、国家が国民に対し、出頭を命じているわけである。義務だから当然の表現だ。しかし、出頭という表現ではあまりに印象が悪いので、最高裁資料では「出席」と置き換えられている。「出席」というと**いかにも国民が自発的に参加しているような印象**を与えるが、これも言葉のイメージ操作の一つであろう。

そして、裁判所が**候補者名簿から抽出して呼び出す対象とした数**に対する本当の意味での出頭率は、実は上の表のとおり、急激な低下傾向を示している。後述するようにＰＴＳＤ国賠訴訟以降、裁判所の運用は、さらに事前の辞退を幅広く認めるようになり、辞退希望と無断欠席（出頭拒否）が年々増加しているのだ。もともと国民の中からこの制度を求めたものではないことが如実に示された数字といえよう。

表　出頭率の低下傾向

	当局の出頭率	本当の出頭率
2009 年	83.9%	40.3%
2010 年	80.6%	38.3%
2011 年	78.4%	33.5%
2012 年	76.0%	30.6%
2013 年	74.0%	28.5%

このような実際の出頭者数が少なくなることについて、裁判所はどのように見ているのであろうか。裁判員制度に関する検討会の場で裁判所委員が次のように説明している（第一〇回、二〇一二年六月一日実施）。

実際に呼出状をどのくらい出しているのかという数は、始まったころも、平均すると一〇〇人はいっていなくて、多分七〇人とか八〇人ぐらいだったと思うんです。（略）制度が始まったときには、最初に選定する数は七〇人か八〇人ぐらいでしたが、今は最初の選定は六〇人か六五人ぐらいです。（略）現在は、**当日裁判所に来ていただく人数が概ね二〇人台の半ばになることを目標値**として日々やっております。（略）選任手続期日当日には、当日になって辞退が認められる候補者や、質問の結果によって不公平な裁判をするおそれがあるということでくじの対象から除外される候補者が法律上出てくる可能性があります。また、それらの方を除いた候補者に対して、当事者がいわゆる理由なし不選任請求権を行使できるわけですけれども、例えば、多くの場合は裁判員六人に補充裁判員二名を置きますので、理由なし不選任請求権行使の対象となる候補者の数、検察官・弁護人合わせて最大一〇名ということになります。そうしますと、**理由なし不選任請求権行使の直前の段階で一八人残っていないと、この請求権行使が最大数になった場合、候補者が足りなくなってしまう**という問題があるのです。（略）やはり（略）二〇人台の中に収まるようにするのが適当だと考えられるわけなのです。

裁判所は二〇人台に収まるように候補者数を決めたり辞退を認めているということが示されているが、実際にも裁判所に出頭している数はその程度であり、そこから六名（＋補充二〜三

表　裁判員として刑事裁判に参加したいか

Q11［回答票11］あなたは裁判員として刑事裁判に参加したいと思いますか。

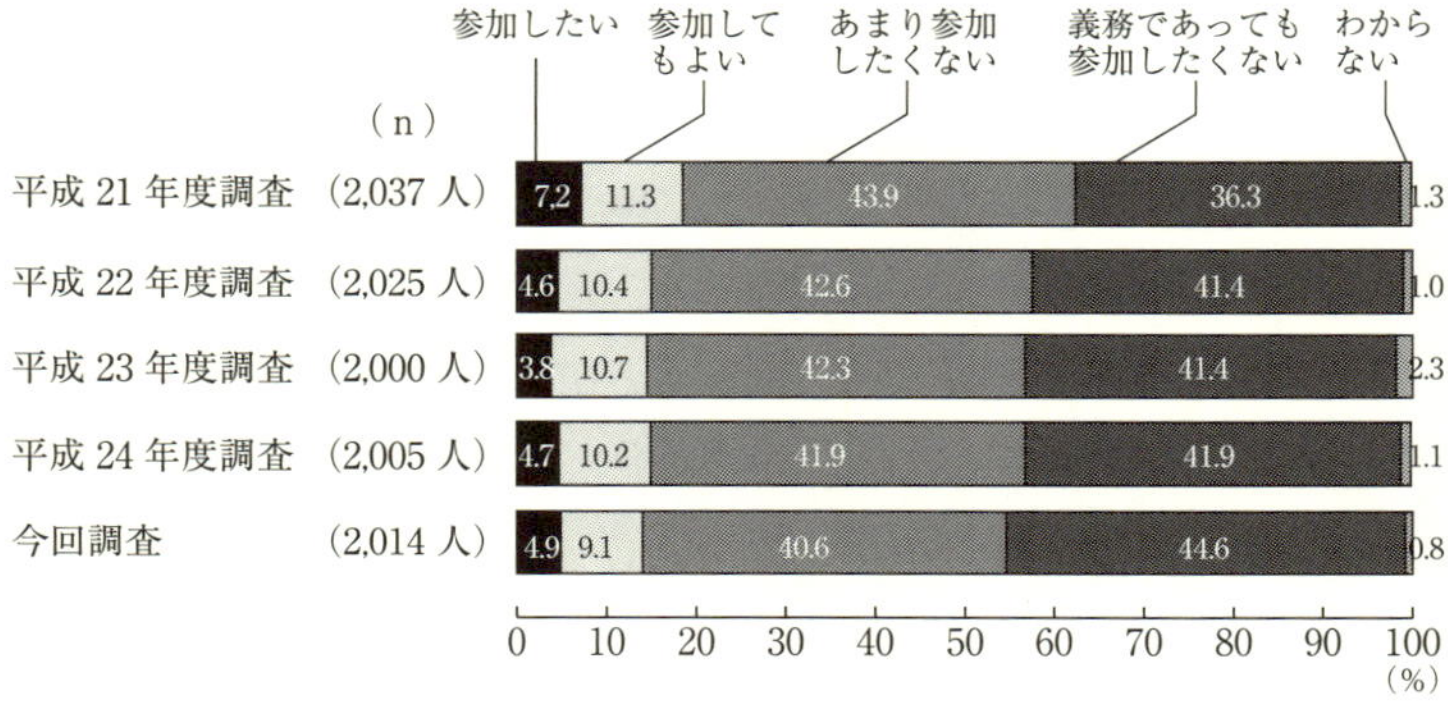

	参加したい・参加してもよい	あまり参加したくない・義務でも参加したくない
平成21年度	18.5%	80.2%
平成22年度	15.0%	84.0%
平成23年度	14.5%	83.4%
平成24年度	14.9%	83.8%
平成25年度	14.0%	85.2%

名）が選ばれることになる。

この出頭率の実態は日々の報道の中では報じられていない。**マスコミが当局の用いる数字をそのまま用いて出頭率八割**と報道することによって、国民の圧倒的多数は何が何でも裁判所に出向くという印象を受けるし、また、裁判員を経験したことについて九割以上の裁判員経験者が良い経験と回答した調査結果の報道と合わせて読めば、**裁判員制度は国民によって現**

に支えられているというイメージがマスコミによって作り出されているのである。

出頭率低下の背景にあるもの

これもあまり報じられていないが、国民の圧倒的多数は裁判員になることに消極的である。前掲グラフは最高裁が毎年、行っている「裁判員制度の運用に関する意識調査」からのものであるが、参加したい・参加してもよいという割合が極めて低いことがわかる。しかもこの割合は実施当初から比べても明らかに減っているのだ。裁判員となることに対して、積極的な方（参加したい・参加してもよい）の項目と消極的な方（あまり参加したくない・義務でも参加したくない）の項目の合計で比較するとよくわかるだろう。

時折、世論調査では裁判員制度に対する肯定的な調査結果が出ることがあるにはある。例えば、読売新聞が二〇一四年七月一一日付で報道した同社の世論調査では、裁判員制度の継続を求めるのが七四％とされている。しかし、実際に自ら裁判員となって裁判員制度の運用にあたるという場面では決して国民は裁判員制度を受け入れていないということなのだ。制度自体への肯定的評価も前述したように**国民全体が支えている良い制度というイメージをマスコミが植え付けていることの結果**である。それにもかかわらず、なお国民は裁判員になることを拒否しているということこそ、裁判員制度を国民が受け入れていない実態を示しているのだ。

詳しくは後に譲るとして、国民が裁判員となることを拒否する意識が増大しているのは、裁判員の負担が重いことが一般的に知られるようになったという事情がある。
このような中でも東京新聞はこの問題点を〈裁判員「出席率」にゲタ?〉（二〇一三年一月一六日付朝刊）と報じ、ジャーナリストの斎藤貴男氏のコメントとして「出席率というのなら、本来は裁判員裁判に行けない、行きたくないと最初に断る辞退者の実態を示すべきだ。そうではなく、「無断欠席」をことさら取り上げるのは制度の不人気を覆い隠すイメージ操作と勘ぐられても仕方ない」と報じている。かかる報道姿勢は他のマスコミの報道の在り方から比べれば高く評価されよう。

コラム

裁判所予算の中で裁判員裁判関連予算は次の表のとおりだ。法曹養成検討顧問会議に出された資料の中にあったものだが、年間五〇億円の予算が必要となる裁判員制度を継続すべきか、という設問であれば、とてもじゃないが七四%もの高支持はなかったであろう。
この予算の中で三〇億円強が裁判員などへの日当となっているが、裁判員の日当は一万円以下（交通費は別）となっている。一〇〇日裁判では、一人の日当だけで一〇〇万円、補充裁判員を入れれば八〇〇万円も必要になるのだ。

裁判員制度関係予算（単位：億円）

二〇〇五年	二〇〇六年	二〇〇七年	二〇〇八年	二〇〇九年	二〇一〇年	二〇一一年
一六・六	一〇六・四	一二八・三	一二二・五	一〇三・五	五五・一	五一・九

出頭を拒否しても制裁なし

国民は、法律上の義務として裁判所から出頭を命じられ、しかも正当な事由がなく出頭を拒否した場合には一〇万円以下の過料に処せられることになっている。

しかし、それでも「無断」欠席が二~三割の割合でいる。当局発表の出頭率も年々低下しており、それは、「無断」欠席が徐々に増えていることを示している。

「無断」欠席の増加の背景には、裁判所が実際には「無断」欠席をした候補者に対して、これまで一度も過料という制裁を科したことがなく、またそのように報道されてきたことも大きい。マスコミは当初「無断」欠席に対し、裁判所が制裁を科さないことについて非難していた。

共同通信（二〇一一〇年一月六日）では〈裁判員欠席六二二人に過料なし　**渋々出向いた人に不満も**〉と報じている。この報道があったのは裁判員制度が始まってからわずか半年である。

共同通信が「無断」欠席者に対し、批判的見地で報じているのは、①協力しない国民への怒り、②かかる事態を放置すれば制度の根幹が揺るがされかねないという危機感、というところであったようにも思われるし、裁判員制度が多くの国民によって支持されているという思い込みがあるため強気の対応も可能と判断したものと思われる。他にもいくつか紹介しよう。

〈裁判員選任手続き／欠席者への対応明確に示せ〉

時間を工面して義務を履行した人の側に義務を課さなかった人に対する不満がくすぶり、

ひいては制度の公平性が損なわれることにもなる。過料の決定は各裁判所に委ねられているが、最高裁は統一した対応を示すべきだ。（福島民友新聞二〇一〇年一月一三日）

選任手続きの出席率が七〇％と低かったことについて、那覇市の三〇代男性会社員の裁判員経験者は「理由なく応じなかった人には過料を科すなどの対策をするべきだ」と指摘した。（産経新聞二〇一〇年一月一五日）

裁判員らの間にも波紋が広がった。「評議の合間に『そういう（仕事があるとの）理由で辞退できるんだ』と話題になった」。裁判員を務めた五〇代の会社員男性は判決後、意外に感じたと明かした。仕事を調整して八戸市から訪れた二〇代の会社員男性は「出席者が少なくて驚いた。来なかった人は、そんなに急ぎの用事があるのか」と不満そうに語った。（河北新報二〇一〇年二月一九日）

これまでに過料を科したと公表した地裁はないが、こうした現状は国民に不公平感を生み、制度自体を揺るがす可能性がないとも言えない。（高知新聞二〇一〇年一月一八日）

このような報道の裏返しとして、現在無断欠席者に対して過料という制裁を科すことが無く、それが国民の間では常識となっている。では、何故、裁判所は制裁を科そうとしないのか。

無断欠席者を制裁できない本当の理由

裁判所が実際に過料の制裁を発動しない背景としては次のようなことが考えられる。

過料の制裁を科すことができるのは「正当な理由」（裁判員法一一二条一号）がないのに出頭を拒否した場合であり、実際に過料の制裁を科すとなると裁判所は、この「正当な理由」の有無についての判断をしなければならない。

出頭拒否者も一〇万円もの過料を科せられるとなると、必死に「正当な理由」を考えることだろう。あるいは呼出状は特別送達という特殊な郵便で裁判員候補者に送達されることになっているが、同居の家族が受領することもあり、その当人がその書類の存在を知らないということもあり得る（陪審制度の国でも陪審逃れの言い訳として、裁判所からの書類を封を開ける前に犬が食べたというものがあるそうである）。

従って、不出頭の主張が正当なものであったのか、あるいは裁判所からの呼出状がきちんと送達され本人が受領しているのか、裁判所は判断を求められることになるが、この確認には大きな手間とコストがかかり、それが過料を科さない事情としてあげられよう。

しかし、最大の理由は、もともと国民による支持がない中で始められた裁判員制度であるから、裁判所が本腰を入れて過料という制裁を科し、強権をもって国民に出頭を命じるということになれば、国民が本気になって反発することが目に見えているからだ。
世論調査によっても思いのほか、国民の裁判員制度に対する反発は強かった。次頁の表は、裁判員制度が**始まる前の時期**の世論調査結果であるが、**国民の圧倒的多数は裁判員になることに消極的**だった。この調査結果に対しては裁判員制度を推進する側は、未だ裁判員制度が始まっていないから「不安」なのだろうが、制度が始まって裁判員に実際になってみれば、このような「不安」は解消され、国民の間に裁判員制度の理解が浸透していくと強弁していた。
このような中で、まず各地の弁護士会が裁判員制度実施ストップに向けて動いた。
新潟県弁護士会が二〇〇八年二月に「裁判員制度実地の延期に関する決議」をあげたのを初めとして各地の弁護士会からも裁判員制度の実施に疑問を呈する意見がでた。
「裁判員裁判実施までに解決すべき課題に関する決議」大分県弁護士会　二〇〇八年五月
「裁判員制度の抜本的見直しと実施の延期を求める決議」栃木県弁護士会　二〇〇八年五月
「裁判員制度の延期を求める決議」千葉県弁護士会　二〇〇九年一月
この反対の雰囲気の中で、当時の自民党福田内閣も、一年後には衆議院議員の任期満了を控えていることもあり、裁判員制度の実施に慎重にならざるを得なかった（「裁判員制度は『第二の後期高齢者医療制度』になる」（読売新聞二〇〇八年七月二七日））。後期高齢者医療制度によって参議院選挙（二〇〇七年七月）での自民党大敗の再来を危惧していた。福田康夫総理は側近より裁判員制度はその心配はないと具申され、実施に踏み切ったのである。

表　裁判員制度に対する世論調査

裁判員制度実施は 2009年5月21日		参加したい	参加してもよい	参加したくない	参加しない
NHK	2008年5月13日	4%	14%	42%	35%
朝日	2009年1月9日	5%	17%	50%	26%
日本テレビ	2009年5月10日	3.2%	10.4%	48.1%	36.3%
NHK	2009年5月14日	5%	20%	45%	27%

これに対して野党が動いた。二〇〇八年八月には、共産党と社民党が裁判員制度の実施の延期を主張し、それに国民新党も続いた。その後、民主党も制度の問題点の検証を表明した（ＮＨＫ二〇〇八年一〇月一四日）。各党とも翌年に控えた衆議院選挙を意識していることは明らかであった。

このような情勢のもとで裁判員制度が実施されたが、少なくとも裁判員制度が軌道に乗るまでは、裁判所としても出頭拒否者に対して、過料などの制裁を科すような強権発動はまず不可能な政治情勢だった。

他方で、かかる強権発動をしなくても、実施当初から、「裁判員をやってみたい」「やってもいい」「義務なら仕方ない」という三つの層（二割から四割の間）の国民によって、制度を運用するに必要な一定数の出頭は確保できていたため、強権を発動するまでもなかった。

この状況では、**国民の反発を買うだけの制裁発動はかえって裁判員制度を存続させるにあたっては有害**であり、また広く辞退を認めてきたのも国民の反発を恐れたからである。

もっとも、今後、出頭率が低下して運用に支障を来す場合が到来しても、今となっては、マスコミが「裁判員候補者として出頭しない国民に制裁を科せ」と主張するのは不可能であろう。

第三章　良い経験の真実

――裁判員制度は円滑に運用されているというのはホント？　その2

裁判員をやって良かった!?

裁判員に選ばれると、おおむね次のような「経験」をすることになる。

①**法廷での審理に立ち会う**：法廷での審理は、調書の朗読や、証拠物の調べ、そして何と言っても証人尋問が実施される。裁判員も質問することができる。

②**評議を行う**：法廷での審理が終わったら裁判官、裁判員で評議を行い、有罪か無罪か、有罪であればその刑罰はどうするのか、死刑、無期懲役、有期刑、さらには執行猶予をつけるのかなどを評議の上、最終的には多数決で決める。

③**判決に立ち会う**

④**その他**：高い壇上から法廷を見下ろす、終了後にマスコミからの取材など注目を浴びる等。

図　裁判員経験者に対するアンケート

問 11　裁判員として裁判に参加したことは、あなたにとってどのような経験であったと感じましたか。

図 1-4-3　裁判員として裁判に参加した感想（全体）

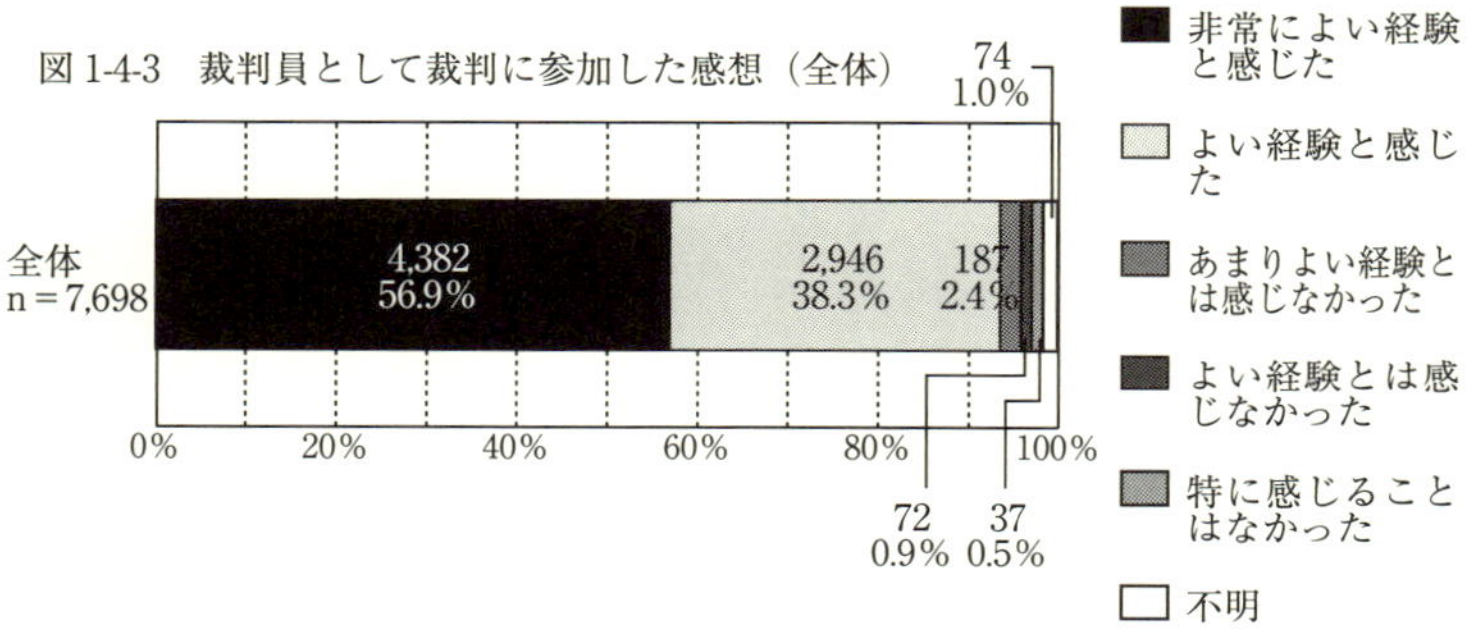

「非常によい経験と感じた」との回答が 56.9%である。これに、「よい経験と感じた」との回答（38.3%）をあわせると 95.2%になり、ほとんどの人が『よい経験』と感じたと回答している。

こういった一連の裁判員の経験に対して、最高裁が毎年行っている「裁判員経験者に対するアンケート」によれば、上記図に示したとおり、九五・二%が裁判員を経験したことに肯定的評価をしていることになっている。

しかし、このアンケート結果に疑問を感じないだろうか。そもそも最高裁の意識調査では裁判員になりたくないという国民が圧倒的多数である。ギャップがあるのはなぜか。

マスコミなどは、この良かったという経験の割合が高いことをもって、「やってみれば誰もが良い経験をしたと思えるくらい良いものなんだよ」、と言わんばかりに広報しているようにさえ見える。例えば、次のような記事だ。最高裁が二〇〇九年一一月実施した調査結果を報じたものだ。

〈裁判員「よい経験」九八%、高い充実感浮き彫り　アンケート〉

裁判員に選ばれる前の気持ちを尋ねた質問には、「積極的にやってみたい」「やってみたい」と答えた裁判員は計二四%。「あまりやりたくなかった」「やりたくなかった」を合わせた計五七%を大きく下回り、消極的な姿勢が目立っていた。

しかし、実際に経験した後では、「非常によい経験と感じた」「よい経験と感じた」が計約九八%に上り、充実感や達成感を感じていることが分かった。（産経新聞二〇〇九年一一月一七日）

このような報道に接して裁判員をやってみたいと好奇心が芽生える人もいるだろう。

ところで、あなたが裁判員を経験したら、アンケートでどのように回答するか想像してほしい。

裁判員になれば法壇の上に立つなど、普段できないような経験をし、多少苦痛なことがあろうと、特に遺体の写真を見て卒倒するような経験でもしない限り、何らかの人生の糧になるという意味では、良くも悪くも「良い経験」と言えるのではないだろうか。しかも抽選で選ばれた人たちのみができる経験である。要はこの「良い経験」とは単に「**得がたい経験**」という意味と解釈することも十分可能である。

その意味では**単に良い経験かどうかだけを聞く**このアンケート項目では最初から結論が見え

ているといっても過言ではない。質問事項の「良い経験」とはどのような意味で問うているのか、質問項目からは理解し得ないし、そもそも人を裁くことが本当に良い経験になるのかという点を考えてみる必要があるだろう。死刑判決に関与してなお「良い」経験というのであれば、死刑判決に関与することの本来の責任の重さをそこに感じることは難しいのではないだろうか。

当たり前のことであるが、刑事裁判は裁判員（国民）に「良い経験」をさせるためにあるのではない。「良い経験」などが強調されていること、これこそが裁判員制度そのものが裁判員のための刑事裁判と言われる由縁なのである。

ちなみにこの最高裁が行うアンケート調査には、**また裁判員をやってみたいかという質問項目がない**。

これほどまでに良い経験だというのであれば、イメージとしてはさぞかし「また経験したい！」という結果が出て当然と思うのが普通の感覚であるし、そのような結果が出れば最高裁もマスコミも鬼の首を取ったように大宣伝するであろう。しかし、再び裁判員をやってみたいかというアンケート項目がないのだ。これが国民意識の全てを物語っているといえる。

このようなマスコミによる涙ぐましい努力にもかかわらず、裁判所当局の発表でも出頭率はグングン減少し、先細りの一途であることは既に前述したとおりである。

出頭率が減少している理由に、実はこの「得難い経験」そのものが大きな原因となっている場合がある。裏を返せば、非日常的な強いショックを伴う経験をする場合も多い。次はそれを紹介しよう。

「良い経験」の真実

裁判員の経験は「良い経験」であるはずなのに、裁判員が実際に経験したことによって起きた悲劇が、その後の辞退理由として広く認められる引き金となった。

そのきっかけとなったのが、二〇一三年三月に行われた殺人事件の裁判員裁判だが、六〇代の女性裁判員が遺体の写真を見ることによってＰＴＳＤを発症し、同年八月には国に対して、損害賠償請求訴訟を提起し、それが大々的に報じられた。

この女性がどのようなことに悩まされているのか、この女性の意見陳述から見てみよう（「裁判員制度はいらないインコのウェヴ大運動」ホームページより）。

私は、肉類が嫌いではありませんでしたが、公判の初日に、検察官から何の予告も無く、突然、殺害現場写真や頭部や頚部の傷口の写真を見せられてから、ぱっくり割れた血だらけの首の肉の部分を思い出し、スーパーに買い物に行った時、肉売り場の前に行くと吐気がしてくるので、今でも避けて通っています。裁判員裁判後、自宅で肉料理を作ることは全くなくなりました。

現在もフラッシュバックは続いていて、夢の中で血の海に、家族が首に包丁を突き立てたままで横たわって死んでいるのです、私が驚いてゆすっても、自分の声は出ないし、身体は固まって動かなくなっています。音楽を聞いていた時、音楽の代わりに被害者の断末魔の声と一緒に、何人ものお坊さんの読経の声が重なって聞こえてくるので、電源を切ろうとすると誰かに腕を掴まれたりする夢を見たりしています。日中でも、子供が外で遊んでいる声が、女性の悲鳴に聞こえる幻聴があります。(二〇一三年九月三〇日の投稿)

これが要は「得がたい経験」ということになるのだが、このようなものを見せつけられればトラウマになるなと言う方に無理がある。

この事件を境にして、裁判所はなお一層、広く辞退を認めるようになったのだ。

裁判所は、制度実施直後から裁判員候補者からの申し出による辞退を広く認めてきたが、この訴訟が起きる前までは**遺体の写真を見たくないなどというのは辞退事由としては認めてこなかったし**(但し、裁判員候補者が強く主張した場合に辞退を認めたという例はあった)、そのような配慮もなかった。裁判員法一六条八号政令で定めるやむを得ない事由では、「政令六号」に「自己又は第三者に身体上、精神上又は経済上の重大な不利益を生ずると認めるに足りる相当の理由があること」と定められているものの、これは思想信条を理由とした辞退事由をいれない代わりの妥協として規定されたものだ。むしろ、最高裁のホームページには左図のように、見なければならないのかという問いに対して、見てもらうと答えており、遺体の写真は

> **裁判員制度**
>
> **最高裁判所**
>
> トップページ > 裁判員制度Q&A > ○ 死体の写真なども見なければいけないのですか。
>
> **○ 死体の写真なども見なければいけないのですか。**
>
> 審理においてどのような証拠が取り調べられるかはケースバイケースですが，判断のために必要がある場合には，死体の写真のような証拠を見てもらうこともあります。このような証拠も，どのような事実があったのか（なかったのか）を判断する上で，必要と認められて取り調べられるものであることを御理解ください。

見たくないということは想定外だったということだ。

マスコミにおいても、これまでの報道では**むしろ我慢もやむなし**といったもので、例えば那覇地裁の事件に関する共同通信（二〇一〇年三月五日）の記事では、〈遺体写真「審理に必要だった」長男殺害の判決で裁判員〉と報じられ、高知地裁の事件を報道した読売新聞（二〇一〇年三月四日）の記事では、「女性の裁判員経験者は記者会見で『遺体の写真はショックだったが、事実を知る上で必要だったと思う』」といった調子だったのである。それがPTSD国賠訴訟をきっかけに一変した。

ところでPTSD国賠訴訟における国側の答弁では、読売新聞（二〇一三年九月二五日）によれば、「裁判員の職務は、司法権の行使に対する国民参加という**権限**で『苦役』ではない、**裁判員は辞退や辞任が認められている**」と言うのだ。しかし、従来は辞退事由として来なかったのだから虚偽答弁だ。しかも裁判員法上は権限ではなく義務である。このような国側の責任回避の答弁は見苦しい限りである。

遺体を見てのショックは以前から

このような「得がたい経験」をする法廷であるがゆえに、ショックを受けつつも最後まで全うできた人ばかりだけでなく、遺体の写真を見て体調を崩し、その結果解任され、補充裁判員が裁判員に任命されたということは以前からあった。裁判員裁判で心の傷を負った元裁判員はＰＴＳＤ訴訟の原告が最初ではない。いくつか紹介しよう。

〈遺体写真から目をそらし涙、女性裁判員を解任〉

解剖医の証人尋問では、頭皮を切り取って頭蓋骨が陥没した様子を写した写真などが、モニターに表示された。女性裁判員は写真が示された際、画面から何度も目をそらしたほか、涙をぬぐうようなしぐさもした。（読売新聞二〇一〇年一月二〇日）

〈裁判員女性、遺体写真見て体調不良　裁判後に退職、福岡〉

「裁判を機に体調を崩し、仕事を辞めた」と語った。女性は、裁判で解剖写真が法廷に映されたときから動悸（どうき）が生じ、裁判後は車が運転できなくなったという。裁判当時、すでに別の裁判員が解任されていたため、体調不良を理由に辞めるとは言いにくい状況だったという。別の女性裁判員が解任された（略）（が、その女性裁判員は）一人では廊下を歩けない様子で、昼食を取らずに帰ったという。女性も昼食は進まず、午後は「頭が真っ白で最悪の体調。倒れるかもと思った」。めまいや動悸が続いたが、すでに一人が辞めていた中で「自分まで帰るわけにはいかない」と考えたという。（朝日新聞二〇一〇年五月九日）

（横浜地裁の殺人罪を裁く裁判員裁判では）裁判員を務めた二〇代の女性が、六日の判決後の記者会見で「選任された当日に覚悟ができていない中で、遺体の写真を見せられ、吐いてしまった」と明らかにした。（産経新聞二〇一〇年八月七日）

〈首輪監禁　裁判員裁判／検察側の追及に課題〉

証拠として出されたOさんの遺体写真は白黒に加工処理され、解剖医の尋問ではイラストを用いるなど、裁判員への配慮が見られた。しかし、多くの裁判員は画面から目を背け、S被告人の公判では、裁判官に休廷を申し出る女性もいた。（デーリー東北二〇一三年一二月一六日）

〈強盗殺人未遂の被害生々しく、女性裁判員が卒倒〉

開廷から約一時間半後の一一時半頃、検察側が被害者の供述調書を朗読中に女性裁判員が突然倒れ、審理が中断した。法廷内の生々しいやり取りにショックを受けたものと思われる。(略)この日、検察側が血だまりとなった現場写真を裁判員に提示。さらに被害にあった従業員が「もう駄目だ」などと荒い息で一一九番している声が録音されたテープを廷内に流した。(読売新聞二〇一二年七月一七日)

このような現実が以前からあったものの、裁判員から辞任の申し出があれば裁判所が当然に辞任を認めるというような報道はないし、裁判員もそのような認識はなかっただろう。だからこそ先述した報道の事案では、みな耐えて裁判員を続けている。卒倒した裁判員も最後の最後まで、要は卒倒するまで耐えたのであろう。国の辞退を認めてきたという答弁は、損害賠償責任を否定するために慌てて取り繕ったものであるが、その点を指摘するマスコミ報道は見あたらない。それは当然のことで、マスコミは**耐えた裁判員と形容して持ち上げるような報道しかしてこなかった**からである。

PTSD訴訟提起以降、裁判所は裁判員候補者に事前に遺体の写真を見ることを告げるようになり、それに伴い辞退したいという候補者も出てきたということだ。

これで辞退を広く認めても出頭義務の免除なので出頭率の数字には影響はない。出頭率八割と謳われているが、実はこのような現実が隠れているのである。

おののく裁判所

以上みてきたように、元裁判員によるＰＴＳＤ国賠訴訟は、国や裁判所にも衝撃を与えた。その結果、各地の地方裁判所では一斉に辞退の申し出を容認する方向で運用が改められた。以前からもこのＰＴＳＤ問題はあったが、国賠訴訟という事態に裁判所がおののいたからだ。次の報道タイトルからも、対応に苦慮している裁判所の姿が垣間見られるだろう。

〈裁判員裁判で候補者の辞退認める　松山地裁〉（愛媛新聞二〇一三年八月二八日）

〈裁判員経験者に裁判官が心のケア〉（ＮＨＫ二〇一三年九月二六日）

〈裁判員選任「映像提示」と事前説明……地裁〉（読売新聞二〇一三年一〇月三日）

〈地裁主導　証拠加工に反発〉（読売新聞二〇一三年一〇月一〇日）

〈遺体写真の提示を予告　裁判員候補に熊本地裁初〉（熊本日日新聞二〇一三年一〇月一五日）

〈「法廷で遺体写真扱う」東京地裁、裁判員選任前に予告〉（朝日新聞二〇一三年一一月一九日）

裁判所はおののいたが、マスコミの姿勢は過去の自らの報道を忘れたかのように、おののく裁判所の様子を報道しているだけである。裁判員のＰＴＳＤの発症は、国やマスコミによる人災とさえいえる。

そして誰もいなくなった

このような中で、国民による裁判員離れを示す興味深い現象が起きた。一人の裁判員が辞任を申し入れたところ、他の全員も辞任を申し出たというのだ。

〈裁判員辞任続き……公判やり直し　放火事件で水戸地裁〉

当初は裁判員六人と補充裁判員二人を選んだが、二人が辞任を申し出た。六人の裁判員ちょうどで一四日に審理を始めていた。ところが一五日になって、さらに一人が体調不良を理由に辞任を申し出たという。同地裁は裁判員を追加選任することもできたが、期日の変更を伝えると残る五人も辞任を申し出たため解任し、改めて選任手続きを行う。（朝日新聞二〇一四年一月一六日）

〈裁判員、そして誰もいなくなった　水戸地裁、辞任相次ぐ　公判後に定員割れ、選び直し〉（朝日新聞二〇一四年一月一六日）

この事件は、一定程度、審理が進んでいたが、裁判所、検察官、弁護人が協議し、新たに選任される裁判員のため、最初から審理をやり直すことになった。「担当弁護士は、公判後、『被告人質問で同じ話をしなければならず、被告人の負担が大きい』と指摘した」（毎日新聞二〇一四年三月二〇日）

国民の裁判員離れもさることながら、**一審裁判を最初からやり直す**など、まさにお客様である裁判員のための刑事裁判ということを如実に示している。

もっとも裁判員裁判が他でもすべて最初からやり直しているわけではない。東日本大震災で中断した裁判員裁判（仙台地裁）では、再開後、裁判員の選任をやり直したが、「中断前の公判映像を記録した**DVDを視聴**するなど、異例の処置が取られた」（産経新聞二〇一一年八月二二日）。しかし、DVDの視聴とは苦肉の策というべきなのか。いずれにせよ、やり直すにしてもDVDの視聴にしても、場当たり的な対応といえ、裁判員裁判であるがゆえの現象なのだ。

補充裁判員の不満

補足的に触れておくが、裁判員に欠員が生じた時のために補充裁判員制度があるものの、これも問題は少なくない。

裁判員制度では一般国民を裁判員として動員しているわけだから、いついかなるときに「辞任」を申し出られるかわからない。急病だってあるだろう。職業裁判官による裁判とは異なり、

図　（アンケート）補充裁判員として裁判に参加したことは、あなたにとってどのような経験であったと感じましたか。

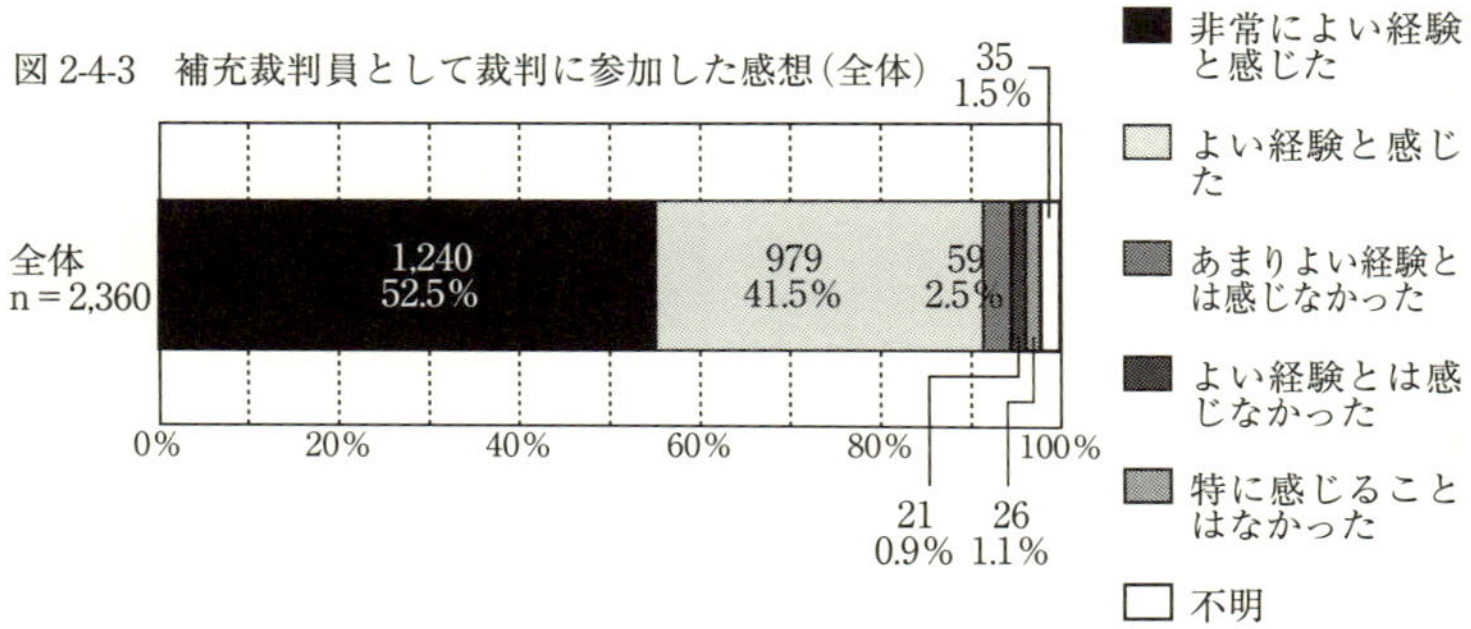

「非常によい経験と感じた」との回答が 52.5%である。これに、「よい経験と感じた」との回答（41.5%）をあわせると 91.0%になり、ほとんどの人が『よい経験』と感じたと回答している。

万が一のための要員としての補充裁判員は不可欠となる。

補充裁判員は、裁判員が解任されるなど欠員が生じない限り補充裁判員のままであり、日陰の立場である。裁判員のように評議の場で発言もできない。要は、評議を見学しただけで終わることになる。

しかし、補充裁判員の立場からすれば、どのように感じるであろうか。補充裁判員についてはあまり多くは報道されていないが、次の報道は補充裁判員に置かれている状況を示すものとして参考になるものと思われる。

> 補充裁判員を務めた四〇代の女性会社員が閉廷後、取材に応じ「人数合わせるだけの補充裁判員ならいらない。評議で意見も言えず、何時間もいるだけで苦痛だった」と制度を批

判した。（毎日新聞二〇一〇年六月五日）

補充裁判員は見ているだけで、発言する機会は与えられておらずフラストレーションが溜まるのだろう。特に裁判員をやってみたいということで、裁判所からの呼び出しに応じていた場合にはなおさらだ。裁判官の中には審理中に補充裁判員に質問をさせた例があるが（毎日新聞二〇〇九年九月一九日、評議では裁判官の許可があれば発言できる（裁判員法六九条二項））、**法廷で補充裁判員が質問できる根拠規定はなく問題**は残る（『解説裁判員法』池田修著では「裁判長を介して質問してもらうことになる」（二七頁）とする）。

ところで、最高裁の『裁判員等経験者に対するアンケート結果』に示されたものは極めて興味深い。二〇一三年度の補充裁判員に対するアンケート結果だが、「非常によい」、「よい」を合わせると実に九四％の補充裁判員が肯定的な評価を出しているのだ（右図）。

自分自身が裁判員をやってみたいという人にとってはフラストレーションの塊になるだろうが、反面、多くの国民は裁判員自体をやってみたいとは思っていない。それ故に裁判員として関与しなくても、「良い経験」が多数になっているものと思われる。それこそ補充裁判員として「得がたい経験」をしたというわけだ。

補充裁判員に対するアンケートであるにもかかわらず、**自身が補充裁判員を務めた裁判の評議に裁判員として参加したかったかどうかのアンケート項目がない**。裁判員経験者に対して、再びやってみたいかというアンケート項目がないのと同じで、その結果が当局にとって都合の悪い数字となるからに他ならない。

裁判員は「やってみたい！」という層に偏りつつある

日本国民は、圧倒的多数が裁判員になることに消極的である。そして、辞退も幅広く認めるようになり、また無断欠席（出頭拒否）にも制裁が科せられず、出頭拒否者は増加傾向にある。こうなってくると、従前言われていたような色々な立場や考え方からなる一般市民による裁判員裁判の意義ですら、もはや存在しない。**国民全体の中からクジによって抽出されたという前提が崩壊**しているからだ。こういった状態で果たして何が市民感覚だろうか。

ところで、当初、国民の多くがやりたくないという調査結果に対し、識者から裁判員の意義として次の様な発言があった。

「どうしても人を裁きたくない」という人にこそ、権力を抑制するため、すなわち、「被告人を裁く」のではなく「検察官の立証を厳しくチェックする」ために裁判員になってもらいたいと思う（『週刊金曜日』二〇〇七年一一月一九日寺西和史裁判官投書より）

また、少々、場面は異なるが、権力抑制の視点が同じものとして、裁判官が不祥事（ストカー事件）を起こしたとき、「元東京高裁刑事部総括判事、木谷明・法政大学法科大学院教授（刑事法）は（略）『一人の問題で裁判官全体のイメージが崩れるわけじゃないが、裁判官への信頼を失う事件。裁判員制度導入を前に相当悪い影響がある。逆の言い方をすれば、だからこそ裁判官だけに任せておけない、一般の人も一緒に裁判をやらなければならないと思ってもらいたい』と話した」（産経新聞二〇〇八年五月二一日）というものがあった。

裁判員制度を推進する論者の中には、刑事弁護を熱心に行う弁護士たちもいたが、裁判員制度は、裁判官の権力行使を抑制する機能があると主張されていたことがあった。

しかし、裁判員制度の目的からすれば明らかに幻想であるし（八五頁参照）、実際にも裁判員が裁判官に対して権力行使を抑制させることなど現実的には不可能である。むしろ、実際の裁判員裁判の運用は、量刑の重罰化傾向をみても**裁判員が権力行使を助長**しているのが実態である。この点については後述する。

このように多くの国民から見離され、一部の「やりたい！」という偏った層による裁判員裁判になってしまった今でさえ、マスコミは裁判員制度を賛美し続けている。

第四章　運営面の真実

――裁判員制度は円滑に運用されているというのはホント？　その3

裁判員制度は、時折、ハプニングが起きることはあるが、一応、当初予定していた公判日程で審理と評議を終え、判決が下されており、外形上の運用は円滑だと報道されている。刑事裁判がわかりやすくなったとか、公判中心主義が実現し、刑事裁判が改革されたかのような印象を振りまいている。しかし、刑事裁判に不可欠な冤罪防止という観点などはまるでない。むしろ、刑事裁判の手続きを大きく歪めたのが裁判員制度であり、本来はこの点こそが指摘されるべきなのだ。ここではマスコミが指摘しない裁判員制度の運用面における真実を紹介しよう。

運用面での問題点――公判前整理手続の問題点

裁判員制度では、一般人から裁判員を選任するため、何よりも裁判員の都合を優先しなければならないという大前提がある。徴兵のように国民の都合など全く無視するなら別であるが、裁判員制度がいくら国民の義務として制度設計されたとはいえ、無理矢理徴集などしたら、たちまち制度は崩壊する。そこで、それぞれの事件での審理日数などあらかじめ決めてしまい、その中で裁判員候補者に都合を付けるよう求めたのである。予め日数が決められていなければ、勤務先で休職するには不都合であるし、逆に予定された日数を延長することも困難なのだ。

そこで導入されたのが、公判前整理手続という制度だ。公判前整理手続の中で、審理計画に合わせて訴訟手続きの日程と審理の内容（誰を証人として呼ぶか、その時間など）を予め決めてしまうのであるが、それはすべて裁判員を刑事裁判に従事させるための不可欠の前提ということになっている。これは裏を返せば、裁判員のためにこの審理計画を変更できないということになる。裁判員制度の不可欠の制度として、同時に導入されたのである。

さて、時間内に尋問などを終わらせることが計画通りの審理を進めるためには必須となるが、さすがに裁判長が**ストップウオッチ**を用いたのにはたまげた。

〈裁判長がストップウオッチ、弁護人に時間厳守指示？　鳥取地裁〉

最終弁論中の弁護人に、大崎良信裁判長がストップウオッチを掲げて示し、予定時間を厳守を促すような場面があった。（略）十数分経過したころから、大崎裁判長が無言で、用意していたストップウオッチを持ち上げた。自分の腕時計とストップウオッチを交互に見比べるしぐさも見せた。（産経新聞二〇一〇年七月一五日）

ある意味では特異な例であり、だからこそ報じられたものであろうが、しかし、**時間を気にするという意味では他の裁判官の内心もこれと大差ない**と思われる。

審理期間などを延長してもよいという裁判員もいないわけではないが、普通は、裁判員裁判の日程に合わせて仕事の休暇を取ったりしているわけだから、延長されては困るという裁判員が大半だ（前掲水戸地裁で全員が「辞任」した例を想起されたい）。結局、裁判員に「迷惑」を掛けないためには、一旦、始めてしまった裁判員裁判は、当初の予定通りの日数で審理・評議・判決という一連の裁判を終了させるしかないのだ。公判が始まる前であれば、期日の直前に期日が取り消されたこともあったが、この点、後述する。

長期化する公判前整理手続

裁判員裁判による審理期間は、八割方三〜五日とごく短期間だが、そのために裁判所、検察官、弁護人が公判前整理手続で、素材をすべて完成に近い状態まで調理してしまう。しかも審理が始まってから後出しすることができなくなったために網羅的な主張になったり、事前の双方の主張の闘いになったりするため長期化しやすい。

あまりの長期化のため、その間、**証人が死亡**するという出来事があった。被告人にとっては自らの無罪証明の証人だったようであり、被告人の防御権を侵害するものであった。

大阪地裁で審理中の殺人未遂の裁判で、無罪を主張する弁護側と検察側が期日間整理手続きを三年半、計五四回にわたって続け、この間に事件現場付近の状況を目撃した男性が死亡していたことがわかった。弁護側によると（略）、検察側に何度も証拠開示を求め、その存在が明らかになったという。（読売新聞二〇一二年一一月二八日）

この事件では証拠が開示されなかったことに根本的な問題があるとはいえ、公判前整理手続中に証人が死亡する可能性は十分にあるわけだ。従前であれば（再度の）審理に入るまでに三年半を要することはなかった。問題は証人が存命であれば良いというものではない。人の記憶は日々、変容したり消去される。審理までに**時間がかかるということは曖昧な証人の記憶によって裁判が行われる**ことを意味する。

また鑑定留置も増えており、長期化する一因となっている。

〈「鑑定留置」昨年は過去最多　四八三人、裁判員が影響〉

全てが裁判員裁判の対象事件とは限らないが、背景には公判で裁判員の負担を軽減するため、責任能力が争いになりそうな事件では「とりあえず鑑定留置をする。請求のハードルは前よりも下がった」（検察幹部）との姿勢がありそうだ。（中日新聞二〇一一年八月七日）

裁判員制度の導入前は、刑事裁判の長期化が批判の一つとしてあげられ、裁判員制度の導入を正当化する根拠にされたが、他方で導入に反対する側からは短期間で判決を出すための制度として批判されてきた。実施されてみれば公判前整理手続によりかえって裁判が始まるまでの期間が長期化してしまい、従来よりもひどくなった。反面、三日~五日の短期間の粗雑な審理というのは最悪の結末としかいいようがない。

計画通りにはいかない

このように公判前整理手続が長期化し、その結果、緻密な計画を立てたとしても、実際には弁護方針の変更によって裁判所は期日の取消※をしているようである。（※期日取消＝裁判所が指定した裁判期日を後から取り消すこと）

〈裁判員裁判の期日取り消し　盛岡地裁、弁護方針変更で〉

弁護人の方針の変更で検察側の立証も変更となり、裁判員裁判の期日が取り消された。裁判員候補者（五一人）には速達で期日取り消しが伝えられる。（共同通信二〇一〇年一月八日）

（横浜地裁の裁判員裁判の期日取消の理由について）関係者によると、被告の健康状態などが原因ではなく、弁護側が公判準備をするために時間が必要になった、としている。
（カナロコ二〇一〇年四月二二日）

〈被告の主張急変、直前に期日取り消し　神戸地裁〉
被告の弁護人によると、一六日に公判の打ち合わせで接見した際、これまで起訴内容をおおむね認めていた被告が、犯行態様について急に一部否認に転じたという。今後、公判前整理手続が再開される見通し。（神戸新聞二〇一〇年八月一七日）

裁判所による期日取消は当たり前の話で、公判前整理手続でどのような審理計画を立てようとも、例えば実際に被告人が前言を翻し、実は無罪だと主張した場合に、それに合わせた審理をすることは当然のことだ。民事訴訟ではないのだから、被告人の言動に問題があったから有罪というわけにはいかない。

では、一旦、始まってしまった裁判員裁判ではどうだろうか。審理の途中で、当初、計画された審理で本当に十分だったのかどうかという疑義が生じたときだ。あるいは審理の途中で自白を翻し、否認に転じたような場合だ。

本来であれば審理を延長してでも続行しなければならない。あるいは一旦審理を打ち切り、期日間整理手続（行われることは公判前整理手続と同じ）からのやり直しが必要であろう。

しかし、これまで当初、予定していた審理日数を超過したという報道を見たことはない。期日間整理手続が行われたという記事もあるが（前掲読売新聞二〇一二年一一月二八日）、大きく報道されてはいない。恐らくほぼすべて計画通りの日数の範囲で審理されているということになる。公判審理が始まってから、「公判前整理手続の主張を変更し、『マフィアから脅された』として営利目的とした起訴内容を一部否認」（時事通信二〇〇九年一一月一二日）という事件もあったが、それでも評議が三時間延びただけで判決に至っている。

我々の感覚からすれば、もしかすると審理でのブレを無理矢理抑え込んでいるかもしれないと思うものだが、当局はむしろ、計画が緻密であると絶賛しそうだ。審理の途中で否認に転じたような案件は未だないようであるが、審理時間を重視するあまり本当に審理が十分であったのかどうか、もっと審理すべき案件があったのかどうかは、報道などからは知り得ない。報道があるとすれば、裁判員の感想として、もっと時間があれば聞きたいことはあったというものくらいであろうか。

この点は報道からだけでは検証できなかったが、実際の現場では、特に弁護人側からの不満の声は聞こえてくることからも、問題がある場面であることは間違いない。

制度設計の問題

このような審理日数を最初から決めてしまう制度設計に対しては、被告人・弁護人の持ち時間も最初から制約されることになることから、被告人の防御権が侵害されると批判されていた。
しかし、マスコミは、ことあるごとに裁判員の負担を軽減するため、さらに審理日数の短縮を求め、法曹関係者に努力を求めるという本末転倒な姿勢だった。

例えば、次のような論調だ。

〈初の裁判員裁判「一一日間」は長すぎないか〉（新潟日報二〇一〇年三月一六日）

〈尼崎連続変死　四二日間の長期審理、裁判員に大きな「負担」〉（産経新聞二〇一三年一〇月三一日）

裁判員の拘束日数が増えれば増えるほど負担が大きくなるのはその通りだが、だからといって審理に必要な日数を確保しなければならないのは当然のことで、そこに調和などという概念を入れる余地はない。公判前整理手続においても、審理日数をいかに少なくすることに力点があり、やはり裁判員制度が裁判員のための手続きだということであろう。**公判前整理手続をつぶさに見ていた被告人**から次のように内情が伝えられている。被告人は強盗殺人罪に問われ、強盗目的を否認していた。

控訴したO被告は今月、福岡拘置所で面会した記者に「完敗だった。裁判員制度には問題点がある」と話した。その後、記者に三通の手紙が届いた。「裁判員のための裁判になっているのではないか。（同席した）公判前整理手続で、**裁判官が『裁判員の負担にならないように』と頻繁に発言**していた。負担軽減のためなら、被告が不利益を被ってもやむを得ないのか」（毎日新聞二〇一〇年五月二五日）

裁判員の負担を考え、日数を制約するということは、公判廷において取り調べる証拠を絞ってしまうということでもある。前掲石巻少年殺人事件においても、死刑求刑が当然に予想される事件でありながら、少年の社会記録の取り調べが行われなかった。少年事件では審理されて当然の証拠であるにもかかわらずだ。裁判員には負担が大きいという理由だけで、弁護人側が自粛してしまっている。

しかし、刑事裁判は裁判員のためにあるのではない。マスコミは、審理期間が長すぎると批判するが、この出発点において間違っている。刑事裁判は、被告人が犯罪を犯したかどうかを訴訟手続きに則り、事実認定、量刑判断をする制度であり、それは本質的に国家が被告人の人権を制約（最も大きな制約としては生命を断絶させる死刑判決）するものであるから、適正な手続に基づいて行われなければならないものである。これは憲法からの要請であって、そこに裁判員の負担との調和などありえず、あくまで刑事手続きの必要性が優先されなければならない。**裁判員として刑事手続きに関与するのであれば、審理日数も含めた覚悟が必要**である。

しかし、国民にその覚悟を求めるとしたら、それは無理筋だろう。**国が裁判員制度を始めることを決めたから出頭せよ**というだけなのであるから。マスコミが国民に「覚悟」を求めてしまっては国民の反発を招くだけだから、逆に裁判員をお客様扱いして、法曹関係者に裁判員の負担を軽くせよと求めるという本末転倒な主張になってしまっているのはそのためだ。

マスコミによる裁判員の負担の配慮は、審理等の日数だけではない。**証拠の提出を制限することで裁判員に対する「配慮」**を求めている。

裁判員がPTSDに罹患したことを原因とした国賠訴訟が提起されるや、二〇一三年八月から東京地裁を皮切りに、「遺体の写真を見たくない」という理由での辞退を認めたり（辞退を認めること自体が最大の負担軽減）、あるいは写真ではなく「図」で示すなどの「配慮」がなされるようになったが、マスコミは以前は困難に耐えたという賛美のような報道の仕方であったにもかかわらず、配慮せよなどと言い出す始末なのだ。

〈裁判員の負担　実態をつかみ対策を〉（朝日新聞社説二〇一四年一〇月四日）
〈裁判員の重圧　調査・検証し負担軽減を〉（毎日新聞社説二〇一四年一〇月五日）

ただ、そもそも「図」をみるだけで証拠に基づく裁判といえるのかどうかも問われるところであるのだが。

携帯電話には男性の頭を踏みつけ、殴る姿が動画で残っていた。「死んだんちゃう」。笑い声も入っていたという。だが、**地裁が動画の証拠提出を認めず、裁判員らに示されたのは字幕付きの静止画**。判決は全員の殺意を認めず、傷害致死罪を適用した。元裁判員は「映像と音声を切り離し、しかも静止画というのは心証形成の上で問題があると思った。実際、静止画に臨場感はなかった」と振り返り、地裁の対応を「福島の訴訟の影響だろう」と推測した。（産経新聞二〇一四年五月二三日）

〈証拠はイラスト　被害者母「残念」　熊本地裁〉（毎日新聞二〇一三年一二月一一日）

というように、**イラストは本来の証拠ではない**のだ。

以前からわかりやすくということばかりが強調されていたが、捜査機関作成の調書（証人や被害者の供述など）の量が多くなると、途端に最高裁やマスコミから「苦言」を呈せられる。本来、被告人側が争わないものであれば、調書だけで充分なはずであるのに、お客様である裁判員のためには、なお手間暇かけて調書の朗読ではない演出を求めるのだ。

そのため、訴訟当事者は、後述するように莫大な人員と時間を割いて、裁判員がやさしく理解できるように、手取足取り、法廷の場でわかりやすく解説するよう負担を強いられている。

マスコミの裁判員に対する考え方は、次のような論調が本音であろう。

裁判員制度に詳しい日本大の船山泰範教授（刑法）は「形は整っていても**心遣いのない運用ではいけない**」とし、裁判員への配慮を求める。裁判長だけなく一般職員を含めた裁判所全体、そして検察側、弁護側双方との連携が必要、と言う。（静岡新聞二〇一三年九月二二日）

日大教授に代弁させているが、要は、裁判員はあくまでお客様なのであり、法曹三者は丁重におもてなしをせよということなのであるが（裁判員裁判が始まる前だろうが、札幌地裁は航空関連会社から講師を招き、裁判官らが「接客マナー」研修を受けた（読売新聞二〇一〇年三月二三日）そうだ）、そもそも来たくもない国民を呼びつけているという根本問題には触れず、法曹三者に責任と負担を押し付けているだけなのだ。

第五章　神に等しい裁判員――加速する暴走

裁判員が刑事裁判の前提を壊したとき

さて、裁判員制度についての問題点を見てきたが、ここで「裁判員その人自体」が原因となった問題にも簡単に触れておく。裁判員制度が実施されて以来、裁判員の中には、思わぬ行動を取った人たちがいる。多くの裁判員が緊張感で思うような質問すらできない状態の中で、ある意味では特異といえる。事例をいくつか紹介しよう。

〈大分地裁で裁判員、被告を怒鳴る　弁護側が一時解任を求める〉（京都新聞二〇一三年一〇月二四日）

〈強姦致傷被告に裁判員「むかつくんですよね」〉

男性裁判員はさらに「検事の質問に当たり前の答えしか返ってこない」「反省するのが

一番じゃないですか」などとたたみかけ、被告が無言のままでいると、「むかつくんですよね。昨日から聞いていて」と、大声を出した。（読売新聞二〇〇九年一一月一九日）

男性裁判員が「被害者に弁償する気はありますか」と質問。M被告が「生活保護で返す」などと答えたため、「死刑を望みながら、弁償するというのは矛盾している。全額返済し、責任を取ってから死んでください」と言って質問を終えた。（毎日新聞二〇一〇年五月二七日）

この横柄な態度は、実は壇上から見下ろして裁くという立場と関連があるかもしれない。もともとこの裁判員制度は、司法審意見書（二〇〇一年六月）の提言によって導入が決まり、**国民に対し、それまでの国家に対する依存を改めて国家の一員として働くことを求める**ものとして、裁判員制度を位置づけたのである。回りくどいが次のように記載されている。

国民は、これまでの統治客体意識に伴う国家への過度の依存体質から脱却し、自らのうちに公共意識を醸成し、公共的事柄に対する能動的姿勢を強めていくことが求められている。国民主権に基づく統治構造の一翼を担う司法の分野においても、国民が、自律性と責任感を持ちつつ、広くその運用全般について、多様な形で参加することが期待される。

裁判官の行使する権限は、司法権の行使であり、それは国家権力の行使そのものなのであるが、国民をこの中に組み込んでしまうのが裁判員制度である。

これをもって司法の民主化などという論調がマスコミから述べられることがある。例えば、〈裁判員制度三年　民主主義の学校になれ〉（東京新聞社説二〇一二年五月二一日）などだ。しかし裁判員は選挙で選ばれるものではなく、民主主義の一形態というには明らかな無理がある。あるいは民主主義の視点から考えるならば、本来、公権力の行使にあたっては裁判員であれ実名で批判の対象とならなければならない。**裁判員は司法権という国家権力を行使している以上、責任の所在を明確にする意味でも実名でなければならず、**判決書にすら記載されないのはおかしなことである。裁判官であれば実名で批判されるのに、裁判員はそのような対象から外されている。**民主主義社会は、権力に対する批判の自由を認めるところに価値があるのに、裁判員制度は、責任の所在すら明らかにせず、**民主主義と相容れないのである。

ケチを付けられたと憤る

東京地裁の事件であるが、被告人が判決の言い渡しで非常に不満な態度を示したことに対し、裁判員の感想が「五〇代の男性裁判員も『**納得できない態度。僕らがやってきたことにケチを付けられた**』などと〝後味〟の悪さをのぞかせた」（産経新聞二〇一〇年一月二九日）というのだが、ケチを付けられたというのはいかがなものだろうか。自分たちの判断は完璧であり、批判するなということなのだろうか。ここにも裁判員が被告人を高みから見下ろす印象を受けてしまうだろう。職業裁判官はこのような発言はしないし、口にしただけでも大問題になる。この裁判員の発言は公平性にも問題がありそもそも適任ではないと思われるが、裁判員の問題性を最初の選任の段階で見出すことは不可能である。裁判員の選任が無作為抽出という方法そのものに問題がある。しかも、マスコミは裁判員の言動を正面から批判することはない。時々社説のなかで問題事例が紹介されている程度だ。この事実を報じているだけ、現場の記者の良心は感じるが、マスコミにとって裁判員は神に等しい存在なのだ。

裁判員様のために大動員!

裁判員裁判に動員されるのは裁判員（補充裁判員、候補者も含む）だけではない。裁判員裁判では、裁判員が全くの素人であることを前提にしているために、法廷で「見て聞いて分かる」ことが必須となる。裁判員は膨大な記録を読み込んだり、それを理解することは全く前提

コラム　仮に裁判員が裁判記録をすべて精査したい、熟読したいと申し出たらどうなる?

読まなくていいというのと、読んだらダメというのとは異なる。裁判員が記録を熟読したら審理期間に審理が終わらないのは間違いない。裁判官はダメだというのであろうか。しかし、それならダメだという根拠を聞いてみたい。

とされていない。むしろ何も読まなくて良いのだ。見て聞くだけで本当に理解できているのかどうか疑問があるが、それはさておくとしても、そのための準備が訴訟当事者には課せられている。

裁判員に説明をするためにパワーポイントを用いたり、グラフィック化したりと大変であるが、そのためにどれだけの人材を投入する必要があるのか。産経新聞（二〇〇九年一二月三〇日）では次のように報じている。「横浜地検幹部も、最初の裁判員裁判では通常の一〇倍以上、準備に時間がかかった。**最近でも二〜三倍**はかかる」。

要は、本来一人の検察官が二件、三件できるところを**裁判員裁判になると一件しか処理できない**ということだ。検察官には無給の残業で対応させることで予算上の問題はないとしても、そもそも事件処理のための人材の使い方としてどうなのか検討してみたらよい。

日本司法支援センターは、他の廉価な弁護士報酬に比べると裁判員制度では国選弁護報酬を特別扱いして増額している。日本司法支援センターの問題（二五五頁参照）はさておくとしても、裁判員制度に関わる弁護人には何とも手厚い配慮である。

より一層の努力を――おもてなしも限界

近年、最高裁などから、調書の量が増えたと「苦言」が呈されているが、この調書で済ませることができれば労力の軽減につながることから、必然的に検察、弁護人（検察提出の調書に同意すること）ともに調書に回帰してきた。しかし、最高裁から「苦言」が出てきたことによって、現場ではさらに裁判員裁判の準備のために格闘することになるであろう。調書で済む被告人の身上などを被告人質問の形でやれと言うからだ。これが従来言われてきた公判中心主義※とは似ても似つかぬものであることは言うまでもない。お客様である裁判員のために演出しているだけなのだから。そしてマスコミからの「苦言」である。（※「従来言われてきた公判中心主義」＝弁護人が証人の証言の弾劾に成功しても、検察官の作成した調書が証拠として認められ、それが有罪の証拠として用いられてきたため、調書裁判に対する批判として用いられてきた用語。裁判員裁判における「公判中心主義」とは明らかに用法が異なる。）

検察官が公判で、供述調書などの書面の読み上げに多くの時間を費やしているのも懸念材料だ。裁判員経験者からは「朗読は単調で、集中力が続かず、印象に残らない」との意見が多く寄せられた。分かりやすい裁判の実現という裁判員制度の趣旨からすると、ゆゆしき事態である。（読売新聞社説二〇一三年一月六日）

ところで、裁判員裁判で負担が増えているのは、検察官、弁護人だけではない。鑑定人の負担が増大していることも報じられている。大阪地裁で殺人、死体遺棄事件の裁判員裁判で「精神鑑定書を証拠採用せず、鑑定書を作成した鑑定医を出廷させる訴訟指揮を執った。**約五時間**

に及ぶ被告人質問のやり取りを傍聴し、一九日の次回公判で分析結果を裁判員に説明してもらう。鑑定の文書より、口頭での説明を優先させ、裁判員に理解を促す珍しい試みだ」（毎日新聞二〇一〇年五月一三日）あくまで裁判員が理解しやすいようにということで、鑑定人に負担を強いることになる。

また、次の様な報道もある。

大阪大学医学部教室の場合、二〇年前は二、三人で年間一〇〇体を解剖していたが、近年は二人で二〇〇体以上を解剖するなど負担が増えている。加えて、これまでは検察官に鑑定書で説明すればよかったが、**裁判員制度以降は一般も理解しやすいように出廷しての説明が必要になり**、裁判所に通う回数も増えたという。（産経新聞二〇一〇年一月二日）

鑑定人も裁判員のために尽くすことが求められる結果、次のような現象も起きる。

再尋問で芹沢裁判長に表現の変遷を尋ねられた医師は、「所見に矛盾はない。裁判員にわかりやすくと、再三指導されていたので報告書では細部に触れなかった」と説明。「裁判員裁判になって仕事が増えた」「もう一度説明するんですか？　いい加減にしてくださ い」といらだちを見せる場面もあった。（産経新聞二〇一一年七月一五日）

現実は、〈第二の埼玉・鳥取不審死が見過ごされる……解剖医、**深刻な不足状態**〉（産経新聞二〇一〇年一月二日）という状態なのに、**解剖医が裁判員のために膨大な時間を掛けて準備しなければならないという現状が解剖医の不足に拍車**を掛けるのは必至だ。ますます不審死が見過ごされることになるだろう。

法廷通訳も同様の状況に置かれている。〈連日の公判、通訳悲鳴　裁判員裁判で短期集中型に　一晩で翻訳・休み取れず〉（朝日新聞二〇一四年五月三一日）

通訳の誤訳についても〈裁判員裁判で通訳ミス　専門家鑑定　長文では六割以上〉（朝日新聞二〇一〇年三月二一日）と指摘されているが、短期集中で通訳しなければならず、必然的に集中力も途切れ誤訳してしまうのだ。これを通訳の能力の問題に矮小化してはいけない。

もともと通訳も鑑定も裁判所からの報酬は廉価である。仕事もきついとあれば、ますます担い手不足に拍車を掛け、通訳や鑑定の質の低下は避けられない。

このように見てくると、裁判員裁判のために、裁判員以外にも多くの人材と時間が投下されているが、現在の日本の刑事司法の身の丈にあった制度なのかどうかという視点からも問い直したい。マスコミの言うような法曹関係者などの努力で何とかなるような発想はいかにも精神主義的であり、日本社会の特有の悪しき風習そのものである。

国民としての責務を全うという論調に潜むもの

裁判員は、前述したとおり権力行使に携わるのであり、権力の中に組み込まれているのであるが、お客様扱いされている中では、裁判員はそれを実感することは難しいかもしれない。

しかし、次の記事を読んで、どのように感じるだろうか。

産経新聞は、国民としての義務という視点から、東日本大震災直後に開催された裁判員裁判について次の見出しで報じた。〈【東日本大震災】「投げ出さず、強い責任感」全員集まった裁判員　東京地裁〉（産経新聞二〇一一年三月一四日）

産経新聞は、以前から〈裁判員初判決　国民の義務見事果たした〉（産経新聞二〇〇九年八月七日）というように義務として表現してきていたが、このような表現は、まさに国家のために責務を果たす模範的な国民像といわんばかりのものであり、「責任感」の強調は全体主義的な思想すら漂う。産経新聞以外でも〈初の裁判員裁判、「市民の義務」重さかみしめた三日間〉（カナロコ二〇〇九年一〇月二日）もそうだ。義務として規定した裁判員法の精神にはぴったりと言ってもよい。しかし、このような発想は産経新聞特有のものではない。産経新聞以外でも、マスコミが裁判員の責務としての視点からの報道姿勢は一貫しているからである。

例えば、ＰＴＳＤ訴訟以前の報道傾向は、前述したように最後まで全うした裁判員をたたえるかのようなものであり、それは産経だけではなく、共同通信、読売なども共通していた。

奈良では警察官の発砲行為によって容疑者が死亡した事件で、殺人の罪で裁判員裁判が行われたが、国民も国家の一員であるという立場から、産経新聞は「裁判員裁判にふさわしい事件」として渡辺修甲南大法科大学院教授（刑事訴訟法）のコメントを掲載している。

窃盗犯が逮捕を免れるため、凶悪な犯罪に走る危険はある。執拗（しつよう）に車で逃走しようとする二人組を迅速に制圧することは警察の緊急の責務であり、現場警察官の断固たる措置は是認されるべきだ。拳銃発砲は「殺意」を伴う行為であるが、市民社会を防衛する緊急の必要があれば、警察官の正当な業務として犯罪にはならない。**刑事裁判を通じて正義を実現するのは市民の義務**であり、これを誠実に果たそうとする良識ある市民は多い。そうした裁判員が法律のプロである裁判官と協力して、治安維持のため警察官の職務に期待することを真剣に検討することになるが、今回は裁判員裁判にふさわしい事件といえる。（産経新聞二〇一二年一月二三日）

ここでは裁判員は国家権力の一員であると色濃く出され、裁判員制度がどのような性質のものであるかを如実に示している。この事件は産経新聞の望みどおり無罪判決であった。最高裁でも二〇一四年一二月二日、検察（指定弁護士）側の上告は棄却され、無罪が確定した。

第六章　裁判員裁判における審理と量刑

これまでの批判・検討で、「市民感覚」というキーワードによって一般的に持たれている裁判員制度の肯定的なイメージが、現実にそぐわず実は大した根拠もないものであることを、マスコミの言及から具体的にあぶり出してきた。さらに裁判員制度の運用についても同様に、辞退率、内容、制度の欠陥の三つの観点から真実を暴いた。

本章からはより具体的な制度の弊害・歪みを見ていく。「市民感覚」の危うさだけでなく、裁判の生命線である「公平性」すら破壊されている実態が浮かび上がってくるだろう。

明白な不平等

裁判員制度が始まる前から、選任される裁判員によって量刑がバラバラになるのではないかという指摘があった。つまり、刑の加減は選ばれる裁判員次第、刑を決めるのは運次第になるのでは、という指摘である。裁判の公正さに関わる重要な問題だ。

裁判員制度を肯定する論者たちはこぞって、それぞれの事件はすべて異なるのだから量刑が異なるのは当たり前だ、それが市民感覚だと言い放つ。しかし、明らかな不公平さが現実にあらわになっているのに、なお量刑はバラバラでよいと強弁するのであろうか。次の例は、この問題を考える題材にふさわしいだろう。

札幌地裁では、二〇一〇年に覚せい剤密輸事件に次のような判決を下した。

女性（日本籍）は、約六・七キロを密輸入　懲役七年罰金一〇〇万円
男性（台湾籍）は、約二・〇キロを密輸入　懲役九年罰金三五〇万円

この結果だけを見れば明らかな不公平さを感じるであろう。ではこの差は何によって決められたのだろうか。マスコミはこれを反省の度合いだと報道している。

反省の度合いを重視する傾向の表れと言える。（毎日新聞二〇一〇年一一月一六日）
（台湾籍の）弁護人は「犯罪事実以上に反省の度合いが量刑に影響するなら、言葉や文化の違う外国人被告は不利だ」と戸惑う。（北海道新聞二〇一〇年一一月二一日）

反省の表現は国が違えば異なる場合も少なくなく、それだけで外国人が不利となってしまう

一面がある。しかし、これだけの量刑の差は、どうみても反省の有無やその度合いだけが原因とは考えらず、むしろ**日本人か外国人かの差**と受け止められても仕方ないほどである。少なくともこの外国人の被告人はそう感じて当然だろう。マスコミの指摘はいかにも中途半端だ。

このように裁判員裁判で量刑のばらつきがあれば、被告人が納得するかという問題も当然ながら、国家の刑事手続きとして量刑の不平等を正面から良いものとして認めてしまうことは、適正手続※の観点から問題である。（※適正手続＝憲法三一条に規定されているもので、手続きに従わなければ有罪とできないという意味と、適正手続きによってこそ予断等を排除でき真実発見に資するという二つの意味がある）

最高裁はこの量刑の差をなくすため、裁判員制度実施にあたって過去の量刑をデータベース化し、量刑検索システムを作っていた。基礎となる数字の誤入力の問題もあったが（毎日新聞二〇〇九年一二月一七日、共同二〇一〇年一月八日など）、量刑のあるべき姿を考えて、可能な限り客観的な情報を提供し、デコボコをなくそうと努めようとした。

それでもこのデータベースは、裁判員に対する「参考」として位置づけられたにすぎず、重要な基準となったわけではない。これに従えと言ってしまえば「先例重視」の強制と理解され、マスコミや裁判員当事者からの反発は容易に想定できるからだ。

しかしながら、裁判員裁判における量刑事情は、**裁判員裁判だからという以外の理由が見つからない**ほどの差が現実のものとなってしまった。

公平な量刑の難しさ

　前述したとおり、外国人に対する差別感情が判決に関係がなかったのかどうかも重要な点だ。差別的動機があるのではとの疑念を被告人に持たれかねないようでは、もはや刑事裁判としての体をなさず、国際的な観点からみても恥そのものだ。

　外国人が被害者である場合にも同様のことが起きている。

　韓国人女性が殺害された事件（金沢のスーツケース事件、二〇一〇年三月発生）では、求刑**一八年**に対し、判決は**九年**であった。これに対し、**韓国政府が控訴を要請**したと報じられた。（読売新聞二〇一一年六月一四日）

　韓国政府からみれば裁判員によって被害者が韓国籍であるということで自国民が不当に軽く扱われたと感じたのであろう。これが裁判員裁判でなく、職業裁判官による裁判であれば、このような異例な要請はなかったのではないか。

　すべての外国人関連事件で同様の傾向があるわけではないとしても、外国人であるが故に不当に軽く扱われていないかが問われることになるが、**適正に行われたということを主張することは、裁判員裁判であるが故に困難**と言わざるを得ない。すべて「市民感覚」だということで根拠づけられているからだ。

　とはいえ、裁判員制度が導入されたのだから、もはや量刑の均衡など考える必要がない、というのはいかにも乱暴だ。陪審制度の国でも有罪・無罪を陪審員が判断したとしても、陪審員は量刑には原則として関与しない。どの国においても量刑は専門性が高いと認識されているのだ。

マスコミは、この公正性については全く眼中にないかのような立場を鮮明にしている。これが如実に表れたのが求刑超え一・五倍判決を最高裁が破棄したときだ。

次は、この量刑問題についてマスコミの取り上げ方を見ていくことで、問題点を指摘しよう。

刑罰（量刑）の均衡をどのように考えるのか

裁判員裁判は、実施当初の量刑は、求刑の八掛けだった。これは従来の量刑相場である。検察庁も裁判所も同種事件で同程度の刑罰というのは共通認識だったし、弁護側もそれ自体を否定することはない。ただ、弁護側は、その事件の中の個別の情状面を最大限に引き出すことによって量刑相場よりも被告人のために減刑させようと努力する立場だ。

量刑の問題は専門的な知識・素養が無いと判断が難しい場合が多く、裁判員裁判が始まった当初は、裁判員は従来の量刑相場に従っていった。当初マスコミは、この運用を淡々と報じていた。裁判員としても実施当初は様子見であったことが伺え、裁判官の説示に従っていたのであろう。

〈裁判員裁判で「求刑八掛け」不変　判決不服で六被告人控訴〉

八月から始まった裁判員裁判は三〇件（被告は各一人）を終え、うち実刑判決二五件は「求刑の八掛け」と言われる従来の裁判官だけの裁判の〝量刑相場〟と変わらないことが一七日、共同通信の集計で分かった。（共同通信二〇〇九年一〇月一七日）

しかし、その量刑も次第に裁判員裁判としての「特色」が現れ始める。次の記事は裁判員の心境を鮮明に物語っているだろう。この事件は**求刑二〇**年、**判決一七**年であった。

公判では、T被告が遺族に「一三～一五年で（刑務所を）出てこられるので、再会できるまで長生きしてください」との手紙を書いたと明らかにされた。裁判員を務めた自営業の三〇代男性は、判決後の記者会見で「**（裁判官だけなら）懲役一五年になった可能性があり、自分たちが参加した意義があった**」と感想を述べた。（時事通信二〇一〇年一月一五日）

そして、検察官の求刑を超える判決が出てくるようになり、それがマスコミの中でも大きく報道された。これこそ裁判員制度ならではの特徴そのものだったからである。

毛利晴光裁判長は「刑務所に入るためという動機は身勝手」として、検察求刑（懲役九

年）を上回る懲役一〇年を言い渡した。**裁判員裁判で求刑を上回る判決は異例。**（読売新聞二〇一〇年七月三〇日）

〈求刑一八年を上回る懲役二〇年判決　神奈川の殺人〉**裁判員裁判で求刑を上回る判決は異例。**（毎日新聞二〇一〇年九月一四日）

裁判員裁判における求刑超えの判決が出始めてから、しばらくすると、求刑超え自体が珍しくなくなったためか、マスコミの論調に変化が出てくる。

検察側よりも求刑が上回ったことについて、いの町の主婦（五四）は「検察の求刑が気にはなった」としながらも、「みんなで意見を出し合って考えた結果、こうなった」と語った。（毎日新聞二〇一二年五月二四日）

求刑超えの判決ではあったが、マスコミの報道の仕方は、裁判員の判断こそが尊重されるべきものという姿勢が読み取れる。

求刑超えに対する配慮と重刑化

検察官は公益の代表者として位置づけられているため、重く処罰させればいいというのは本来、検察官の役割と相容れない。それ故に実際の裁判員の判断が突飛なことにならないように一工夫されているものもあった。

検察側が懲役三年を求刑する際、**裁判員に執行猶予の検討を促すという異例の一幕**があった。閉廷後、地検幹部は「裁判員裁判をミスリードしないため」と語ったが、内部には別の意見もあるといい「今後も議論が必要」との見解を示した。（毎日新聞二〇〇九年一〇月二二日）

さいたま地検が、求刑の考え方を裁判員裁判で変更し、従来より軽めの量刑となっていることが分かった。（略）地検幹部によると、裁判員に、「検察対弁護側」の構図ではなく、治安維持など公益を守る立場である検察官の量刑意見として受け止めてもらうため、従来よりも被告人に有利な点を考慮して求刑を決めると、結果的に従来よりも軽くなるという。（毎日新聞二〇〇九年九月一〇日）

しかし、他方で検察の求刑は従前と比べて変わらない、むしろ重くなったという指摘もある。

元裁判官の弁護士は「検察側は以前より明らかに求刑を重くしている。裁判官が求刑を超える判断を主導することはない。むしろ、裁判官が『裁判員を誘導した』と指摘されることを過度に恐れ、裁判員の意見を修正できない場合があるのではないか」と推測する。

（河北新報二〇一二年五月九日）

検察庁が現時点ではどのような運用をしているのかは定かではないが、犯罪被害者の声だけでなく、裁判員裁判によって求刑を超える判決自体が定着し、それがマスコミから「市民感覚」と評価されていく中で、それに応じた対応をし始めているとしても不思議はない。

弁護人も裁判員に対して具体的な量刑意見を述べることがあるが、裁判員裁判の結果が弁護人の量刑よりも下回ったような場合、弁護人の心中は穏やかでない。

〈栃木・那珂川の弟殺人未遂：弁護側「求刑」下回る　裁判員裁判で異例の判決〉

弁護側が求めた懲役五年六月を一年下回る同四年六月（求刑・懲役八年）を言い渡した。

（毎日新聞二〇一二年二月一一日）

このような報道のされ方をすると、弁護人のメンツは丸つぶれとなる。弁護人の場合には検察官と異なり、被告人の利益そのものを実現する立場だからだ（但し、被告人の正当な利益に限られるが）。以前、死刑判決を受けて上告した被告人の上告趣意書で、弁護人が死刑相当などという意見を述べたことが違法とされた事件があったが、**弁護人の求刑が判決を上回ることなど想定されていない**のだ。

これらはひとえに予測不可能な裁判員裁判の量刑に原因があるのだが、マスコミの指摘の仕方が右のような報道ということになれば、弁護人としては、「絶対、弁護人の求刑を下回らない」という求刑意見にならざるを得ず、そのためこれなら間違いないという極端な量刑意見になってしまうかもしれない。そうなると裁判員に対する参考意見としての求刑の価値が減退することは間違いない。

死刑判決の問題

ところで、裁判員制度における検察官の求刑で、最も問題になるのは死刑求刑事件だ。検察官は、事件の内容から立場上、本来的に死刑にはなり得ない事件でも死刑を求刑し、裁判所はその点の事情も考慮して死刑判決を回避してきた。検察官としては被害者側遺族の手前もあるからだ。

最高刑が死刑とされる罪に対し、検察側がどの程度の求刑をするのか、従来の裁判では経験則からくる一定の基準があったとされる。あるベテラン裁判官は「これくらいの事件なら、検察側は死刑を求刑しないだろう」とか、「無期懲役になることが織り込み済みで死刑を求刑してくる」など阿吽（あうん）の呼吸があったと話す。（産経新聞二〇一〇年八月一日）

ところが裁判員裁判になるとそうはいかなくなった。検察官としても従来の感覚で判決では無期懲役になることを想定して死刑を求刑した場合、裁判員裁判の場合には、**それを真に受けた裁判員たちによって本当に死刑判決を下しかねなくなった**からだ。二人を殺害した事件（鳥取地裁二〇一〇年二月）で検察による初の死刑求刑かと言われた事件は結局、検察は死刑求刑を見送った。しかし、裁判員裁判の評議では、（裁判員が記者会見で）「極刑から有期刑まで、それぞれを検討した」（共同通信二〇一〇年三月二日）と**死刑についても検討**したと報じられている。求刑されてなくても検討されることすらあるのだ。

検察側による死刑求刑については、特別に考慮しなければならない事情がここにある。

量刑問題の表面化

最初に紹介したアスペルガー症候群に関する判決もその一つだが、決定的だったのは次の事件だ。

求刑一〇年に対し、一・五倍の懲役一五年を言い渡した幼児に対する傷害致死事件である。

検察の求刑自体が低いわけではなく、幼児虐待が社会問題になっているとはいえ、従来の相場でいえば、八掛けを前提にすれば、ほぼ二倍の刑期ということになる。

これこそが**まさに裁判員ならではの量刑**であろう。

〈一歳八か月娘虐待死、両親に求刑超す懲役一五年〉

大阪地裁は、当時一歳八か月の三女に暴行し、死亡させたとして傷害致死罪に問われた両親に対し、求刑懲役一〇年を大幅に超える懲役一五年とした。量刑理由は「守ってくれるはずの両親から理不尽な暴行を繰り返され、悲惨、悲痛な死を余儀なくされた。**児童虐待は大きな社会問題で今まで以上に厳しい刑罰を科すべきだ**」（読売新聞二〇一二年三月二一日）

〈（求刑に対し）五年を上回るのは異例〉（朝日新聞二〇一二年三月二二日）

審理を担当した裁判員の一人は、約二カ月後にあった裁判員経験者の意見交換会で「親の虐待で子供が死んだのに、殺人より刑が軽い傷害致死で起訴された理由が分からず、量刑に一番悩んだ」と語った。（毎日新聞二〇一四年五月三〇日）

この求刑超えの判決について大阪高裁も「求刑を大きく上回ったからといって、破棄しなければならないほど重すぎて不当とはいえない」（毎日新聞二〇一四年四月二一日）として二〇一四年四月、被告人側の控訴を棄却し、被告人側が上告した。

検察は、上告審では「制度の趣旨に照らし、裁判員裁判の量刑判断は尊重されるべきだ」（産経新聞二〇一四年七月二一日）と主張している。

しかし、最高裁は、二〇一四年七月二四日、「他の裁判例と公平性を損なう甚だしい不当な量刑」であるとして原判決を破棄し、父親に懲役一〇年、母親に懲役八年とする判決を言い渡した。

詳細は第一〇章二二六頁以下に譲るとして、最高裁は**求刑の一・五倍とした量刑を最高裁は正面から否定**したことになる。

裁判員裁判の結論を尊重せよという最高裁のお達しに高裁は萎縮していたという状態であり、全国の高裁は、右にぶれ、左にぶれ、という状態だった。この最高裁判決は、裁判員裁判に一定の裁量を認めつつも是認できない場合を認めたという意味では、裁判員の感情的な量刑に歯止めをかけ、裁判員制度との「調和」を図ったものと思われる。しかし、本来的に刑事罰の在り方において「調和」などは成り立たないのであるが、最高裁なりにこの量刑傾向に危機感を感じてのことであろう。

マスコミの反応

量刑傾向に対するマスコミの社説は次のようなものであった。ざっといくつか紹介しよう。市民感覚による量刑判断を否定するなという論調が少なくないことにまず驚かされた。裁判員制度にべったりの朝日新聞がどのような社説を掲載するのか楽しみにしていたが、**この件では社説がなかった**のが残念だ。

〈裁判員判決の破棄　制度の趣旨揺るがないか〉（産経新聞二〇一四年七月二六日）

〈裁判員裁判の量刑〉

裁判員裁判の定着を図るなら、地裁は最高裁のメッセージを過大に受け止めて、先例重視の過去へ回帰してはならない。（佐賀新聞二〇一四年七月二九日）

〈裁判員判決破棄　量刑の公平性を重視した最高裁〉

先例ばかりにとらわれて、刑を決めていては、制度導入の意義が失われかねない。そもそも、裁判員制度の導入で、量刑にある程度の幅が出ることは、想定されていた。実際、性犯罪事件に関しては、裁判官裁判の時代と比較して、全般的に重い刑が言い渡される傾向が見られる。卑劣な犯罪を憎む市民感覚の表れと言える。重要なのは、刑の公平性を維

持しつつ、市民感覚を判決に生かしていくことである。（読売新聞二〇一四年七月二八日）

〈裁判員判決の見直し　市民感覚　尊重すべきだ〉

硬直した司法を打破するために裁判員制度を導入した経緯を忘れてはなるまい。裁判員の下した判決を上級審がひっくり返すケースが増えれば、市民感覚を反映するという制度の趣旨そのものが揺らぐ。（中國新聞二〇一四年七月二六日）

〈裁判員に公平性求めた最高裁〉

他の裁判と比べて刑の重さが大きく違う判決が出ると、不公平な裁判制度ということになってしまいかねない。（日経新聞二〇一四年七月二九日）

〈裁判員と量刑〉

地裁の裁判官が最高裁の姿勢を意識しすぎるあまり、市民感覚を取り入れることに消極的になってしまうことは避けてほしい。（宮崎日報二〇一四年七月三〇日）

〈問われる量刑の公平性〉

同種事件と比べて突出していれば話は別だ。裁判の公平性を損なう。是正は当然である。

（北海道新聞二〇一四年七月二五日）

〈裁判員判決修正　厳罰化の流れに歯止め〉（山陽新聞二〇一四年七月二六日）

〈裁判員裁判判決破棄　制度の形骸化を危惧する〉（琉球新報二〇一四年七月二六日）

量刑是正を当然とする論旨もあるが、多くは**裁判員制度の制度趣旨を揺るがす**という批判的論調が目立った。もはや求刑超えの判決自体に問題があるという前提に立つことはなかった。これではマスコミが裁判員に厳罰化を煽っているばかりか、感情で量刑を決めてもいいと主張していると言われても仕方あるまい。

この求刑超えの判決は、裁判員の暴走の一例と言って良いだろう。実は**量刑に関する問題こそ、裁判員が対等に裁判官と張り合える領域**なのだ。量刑判断が難しいといっても、それはその事案に応じた量刑を算定するから難しいのであって、**自分の感覚だけで量刑を決めてよいなら、これほど簡単なものはない**。事実認定とは決定的に異なる点だ。事実認定の場面では裁判官と対等に張り合うのは困難であろう。それに比べて量刑は、自分の感覚でよいとすれば、裁判官とも対等に張り合える。自分の感覚では量刑はこれくらいにすべきだと言い張れば足りるからだ。

例えば、この裁判員のように。「東北のある裁判員経験者はこう打ち明けた。『量刑は**被告人**

に対する感情で決めた。判例の比較ではなく、**感情論だ**』」（河北新報二〇一二年五月九日」）

そして、もっと露骨なのは、守秘義務に違反した裁判員のこの発言だ。「（住居侵入、強制わいせつ致傷事件で検察の求刑五年に対し、判決は懲役四年）『評議の大多数の意見を重要視するということで判決を出した。腹の中を言うと甘い』と、判決が全員一致でないことを示唆。さらに『服役期間は、極論だが無期懲役』と量刑への意見を述べた」（毎日新聞二〇一〇年一一月一三日）

ここまで露骨に語ってくれる裁判員は多くはないと思うが、決して少数ではないはずだ。感情論で量刑を決めて良いはずもないのだが、マスコミがこのような裁判員の姿勢を批判する論調は見たことがない。恐らく、このような記事の掲載自体が現場の記者の苦渋の姿であろう。

最高裁が求刑越え判決の破棄したことについて、以前、死刑判決に関与して高裁で無期に減刑された経験を持つ元裁判員の感想はこうだ。「一審で無期懲役に減刑された際、『市民感情を反映した判断が否定されたことに反感を覚えた』という。今回の最高裁判決についても『被告人にも会わず、裁判記録と今までの事例との比較だけで、裁判員の判決が見直されるのは納得がいかない』と語った」（毎日新聞二〇一四年七月二五日）と死刑判決が無期刑に減刑されたときも怒りを向け、今回の最高裁判決に対しても同様の怒りを向けているが、量刑判断こそが裁判員にとっての「自信」を示しているのだ。

エスカレートしていく現実

マスコミから絶対に批判されることはない、お客様扱いされていることを裁判員たちはよく知っている。徐々に裁判員たちが求刑という枠を取っ払い始め、それがエスカレートしてきたというのが実態なのだ。後述するが**死刑判断基準である永山基準でさえ、裁判員は考慮してないと堂々と語っている**のだ。最高裁は、このような裁判員の暴走に慌てたのではないか。

インターネット上では最高裁判決への批判が散見された。最高裁判決は裁判員制度の否定だ、このような判決がまかりとおるなら裁判員制度を実施する意味がないから廃止してしまえという論調が目立っていたように思う。彼らにとっての裁判員制度の趣旨は、従来の裁判官があまりにも一般感覚がないから、市民感覚を取り入れたものだという独自の見解なのだが、上級審で裁判員裁判の判決（量刑）を否定するのであれば、その存在意義はないということに直結するのだ。

しかし、その見解自体は、最初に述べたとおりマスコミによって作り上げられた制度趣旨でしかなく、そもそも制度設計段階ではそのような議論などなされていない。その意味では、今回の最高裁判決は、**マスコミが自ら勝手に想定する裁判員制度の目的（裁判官は非常識な判決をするから裁判員制度が導入された）に正面から反する判決**と言って良いだろう。だからマスコミの社説の多くが制度を揺るがすと慌てたのだ。

ところで、最高裁の量刑見直し判決の時期と前後して、量刑不当を理由に裁判員裁判の判決を破棄する高裁判決が復活するようになった。裁判員裁判による重罰化が目に余るようになってきたからであろう。

〈自宅放火、男に**猶予刑**　石川県内初、裁判員判決を破棄　名高裁金沢〉

判決理由で彦坂裁判長は「精神障がいが犯行に大きく影響を及ぼしていることは明らかである」と指摘。心神耗弱状態であったと認めながらも、量刑を決めるにあたって十分考慮しなかった一審判決には誤りがあると指摘した。（北國新聞二〇一四年四月一七日）

この事件は検察が上告せず確定した。

そして、最高裁判決の大きな影響を受けたと思われるのが、その直後に判決が出されたストーカー殺人事件に対する判決（二〇一四年八月一日）である。東京三鷹市で起きた元交際相手の高校三年生の女子高生に恨みを募らせ、自宅で待ち伏せ、刺殺したという事件で、検察の求刑は**無期懲役**、判決は**懲役二二**年だった。被害者遺族は死刑を求刑し、誰もがひどいと思った事件であるが、結果は懲役二二年、その量刑が妥当かどうかはともかく、裁判員裁判にしては意外に軽かったと思った人は多かったのではないだろうか。

		起訴		不起訴			
	総数	公判請求	略式	起訴猶予	その他	家裁送致	起訴率
平成21年度	1,128	533	0	47	517	30	47.3%
平成22年度	1,132	424	0	37	646	25	37.5%
平成23年度	1,155	420	0	35	677	23	36.4%
平成24年度	1,198	367	0	48	739	44	30.6%

各年度の犯罪白書より

罪名落ちや不起訴の増大

裁判員制度の導入によって、検察官の公判準備のための負担が増加していることは前述したとおりであるが、これは公判準備だけでなく、警察も含めた捜査機関全体の負担も大きくする。

そのような中で罪名落ちや不起訴が増大していることをご存知だろうか。上記表の通りだ。

〈殺人で起訴、大幅低下、四分の三不起訴か別罪〉

刑事事件を多く手掛ける弁護士は「二〇〇九年の裁判員制度の導入に伴い、検察が有罪立証の難しい事件の起訴に慎重になっている」と指摘。殺人容疑で送検された容疑者を傷害致死罪で起訴するなどの「罪名落ち」の増加が反映しているとの声もある。

日弁連刑事法制委員会の山下幸夫事務局長は「以前は検察とプロの裁判官の間で通じる〝暗黙のルール〟があったが、裁判員は、特に自白がない事件の状況証拠について見方が厳しい。それを知った検察が**慎重**になっているのは明らかだ」

と指摘している。（中國新聞二〇一二年七月二二日）

裁判員制度を絶賛する弁護士側からは、これらを裁判員制度の導入の成果、つまり裁判官だけでの裁判では難しかった壁が崩れ、権力行使が抑制されたかのように言われることがある。しかし、立証が難しいという点でいえば、本来、立証が可能なのに検察官が裁判員裁判だから立証を放棄したのか、それとも本来的に有罪にしてはいけない事件なのかどうかの実証もなく、山下氏のいうような検察が慎重になっているなどという肯定的評価を加えられるものではない。検察官が**立証の面倒さから、裁判員裁判を避ける傾向**が垣間見えるだけであり、それを肯定的に評価するわけにはいかない。むしろ、検察官や鑑定人の多忙が報じられていることからすると、不起訴案件については後述するように医療観察法*に基づく処分によって「手抜き」さえ行われているのではないかと思われるのである。

コラム　医療観察法とは

かつて導入が目論見られた「保安処分」制度の再来ではないかと、精神医療関係者や日弁連などが反対する中で二〇〇三年に成立、二〇〇四年から施行。心神喪失等の状態で放火、殺人、傷害等の重大な他害行為を行った者（不起訴のケースと起訴され無罪あるいは執行猶予になったケースがある）のうち、現在の精神医学により治療が可能で、治療により他害行為の再発防止が期待できる者に対し、必要な治療や環境整備を行って社会復帰を促進することを目的とする。裁判所の審判手続により、入院、通院、通院期間延長、処遇の終了等を決定する。弁護士は付添人として関与する。

高裁逆転無罪判決

これまでは裁判員裁判の量刑問題について見てきた。

ここからは、有罪・無罪についても高裁が逆の判断を下すようになったことに注目していきたい。その中でも特に問題なのは、裁判員裁判は有罪としたにもかかわらず、控訴審が無罪とする場合である。刑事手続きの目的は、無実の者を罰してはならないことにあるからだ。

量刑では裁判員裁判の判断を尊重ということが言えたとしても、事実認定における有罪・無罪について、特に無罪事案であるにもかかわらず「市民感覚」の有罪の判断を尊重するというわけにはいかない。実際に、〈裁判員判決を破棄、NTT西元社員に監禁罪は無罪　大阪高裁〉（産経新聞二〇一一年八月三一日）では、事件の一部ではあるが、全国で初の逆転無罪判決が出た。女性をホテルに監禁してわいせつ行為をしたとされた事件で裁判員裁判では**懲役四**年としたが、大阪高裁は監禁については「ホテルから出られないほどの強制があったとはいえ」（前掲産経新聞）ず無罪として、**懲役三**年に減刑したのである。

裁判員の誤審

福岡高裁は、二〇一一年一〇月一八日、大分地裁の裁判員裁判で殺人罪に対する有罪判決を破棄し、無罪とした。このような逆転無罪事件は典型的に裁判員裁判の限界と失敗を表していると言えるだろう。裁判員の関与の意義そのものが問われるからである。

川口裁判長は「被告人は事件当時、慢性期の統合失調症で精神傷害の程度が重かった」と述べ、一審が認定した、刑事責任が限定的に問える心神耗弱状態ではなく、刑事責任能力が問えない心神**喪失**状態だったと指摘した。（略）一審は男性（被告人）が買い物などをしていたことや、刺し傷が胸など急所に集中していたことから、行動をコントロールできたとして、心神**耗弱**状態を認定。（毎日新聞二〇一一年一〇月一八日）

西日本新聞社説は次のように指摘する。

問題は、一審の大分地裁の裁判員裁判で審理が十分尽くされたかどうかだ。あらためて検証する必要があろう。一審は今年一月二五日から二月二日まで審理されたが、事件を話し合う評議は実質二日とみられている。証拠には**一般市民が難解な精神鑑定書**も含まれていた。専門家から「日程が十分だったか疑問が残る」との声が上がっている。**被告人を裁くとなれば「理解できない」では済まされない**。一歩間違えば無罪の人を有罪にする恐れがあるからだ。今回、控訴審は裁判官だけで初公判から判決まで一ヶ月かけている。判決は多角的に責任能力を吟味したことがうかがわれる。裁判のプロでも、これぐらいの慎重さが要るということだろう。（西日本新聞二〇一一年一〇月二〇日）

この高裁の無罪判決に対しては検察が上告を断念し、無罪判決が確定した。

裁判のプロでもこれだけの慎重さが必要だと言いながら、マスコミは、**そもそも裁判員には責任能力の判断が難しいということの言及を避けている**。アスペルガー症候群の事件がいい例だが、結果を重視する「市民感覚」からは最初から責任能力の有無の判断に困難がつきまとっている。

さらに現住建造物等放火事件でも高裁で無罪判決が出た。この事件は、被告人女性が不倫関係にあった男性宅と男性の妻の車に放火したとされる。この事件で、一審福岡地裁は男性宅放火は有罪、車放火は無罪として懲役四年としたが、二審福岡高裁は、二〇一一年一一月二日の判決でいずれも無罪とした。責任能力が争われた事件ではなく、犯人性が争われた事件だ。

この高裁での無罪判決に対しては裁判員の感想が報じられている。

〈「プロの判断仕方ない」裁判員〉

一審で裁判員を務めた四〇代の会社員女性は高裁判決後、取材に応じた。「**無罪になるかなと思っていた**。状況証拠を重ねても被告人が絶対に犯人だとは言えない。疑わしきは被告人の利益に、との刑事裁判の原則から**プロの裁判官が判断したのなら仕方ない**」と冷静に受け止めた。一審判決後に記者会見した五〇代の女性会社員も「一般常識で判断してほしいと言われたが、疑問ばかりだった」と苦悩を吐露していた。（西日本新聞二〇一一

年一一月三日)

この記事は、刑事裁判の判断が一般市民にとってそもそも難しいということなのだが、しかし、問題はそれだけではない。この**元裁判員のプロの判断だから仕方がないという発言に、裁判員制度の責任のあいまいさともろさを読み取ることができる**からだ。

この元裁判員は、高裁で無罪になるかと思っていたというが、この裁判員はどのような責任を感じて有罪判決に与したのであろうか。本来的な守秘義務の範囲であるため、この報道からはどちらに与したかは明示されていないが、この感想からは、有罪に一票を投じたようにしか読めない。もやもやしたものはあったのかもしれないが、極めて歯切れが悪く、どこまで責任を自覚していたのかが問われるし、本来であれば、判決は司法権の行使であり、本来的に国家権力の行使なのであるから、誤審についてはその裁判員も批判の対象となって然るべきなのだ。しかし、裁判員は徹頭徹尾、匿名なのだ。判決ですら、裁判員は名前を連ねない。**裁判員は一切の責任を負わないというのが裁判員制度の制度設計**であり、最初から無責任を助長する制度だったのだ。とはいえ、責任の所在を明確にするということになれば、「誰もやりたくないのに来てやったのに、責任とは何だ!」と言われそうである。

この事件について検察は上告したが、最高裁は、二〇一三年九月、上告を棄却し、無罪が確定した。

別の傷害致死事件の福岡地裁における裁判員裁判では、被告が知人への暴行について四回に渡って暴行を加えたと認定し、**懲役七**年としたが、控訴審では三回目の暴行の証拠がないとして、「福岡地裁の裁判員裁判の判決を『明らかな事実誤認がある』として破棄し、**懲役六**年とする判決を言い渡した。一審が被告の暴行の一部を認める証拠とした自白調書について、別の行為を説明したものと判断。この暴行については『証拠がない』と指摘した」（朝日新聞二〇一一年一一月二五日）

この事件に最高裁は、二〇一二年三月、上告を棄却し、控訴審が無罪とした部分が確定した。特に無罪を争う否認事件において、裁判員はどのような責任感をもって関与しているのかが問われているのである。

無罪推定の原則の軽視

このように見てくると、裁判員裁判で無罪推定の原則が機能しているのかという疑問も沸いてくる。無罪推定の原則自体は中学校の社会科の時間に習うことであり、それなりに馴染みのある言葉だ。しかし、それが一般的に事案に当てはめて判断できるほどに会得されているかといえば、大いに疑問である。特にワイドショーが垂れ流す「容疑者は真っ黒」と言わんばかりの報道に多大なる影響を受けて、無罪推定どころではないのが現実ではないだろうか。

それに加えて、無罪推定の原則の説明のために用意された時間は、裁判官が審理を始める前に、**数分程度、説示**を行うだけであり、素人の裁判員が理解するなどというのはおおよそ不可能である。無罪推定の原則の定義を受験勉強のように覚えることが目的ではないからだ。求められているのは、その**内容を理解した上で、具体的事案に当てはめて結論を出すこと**なのだが、そのような応用はそう簡単ではない。次の例が参考になるだろう。

最高裁事務総局は「新第六〇期司法修習生考試における不可答案の概要」において次のように述べた。なお、考試とは司法修習終了にあたっての国家試験のことで、これに合格しないと法曹資格を取得できない。

　放火犯人が被告人であるかどうかが争点の事案で、「被告人は犯行を行うことが可能であった」といった程度の評価しかしていないのに、他の証拠を検討することなく、短絡的に被告人が放火犯人であると結論付けるなど、「疑わしきは被告人の利益に」の基本原則が理解できていないと言わざるを得ないもの。(二〇〇八年七月一五日)

不可となった答案の解答について、最高裁が判断のポイントを公表したものである。司法修習生が無罪推定の原則を理解できていなかったということ自体衝撃的ではあるが、一通り学習した人間であっても、この原則の適切な当てはめができなかったということであり、それほど簡単に会得できるものではないのだ。

裁判員制度は冤罪防止にはならない

このように裁判員裁判でも事実誤認などを理由とした逆転無罪判決が実際に出てきているのである。

一部の論者には、裁判員制度が冤罪防止のために役立つという主張もあった。そのため、裁判員の判断に期待しようという雰囲気もあったかもしれない。

しかし、現実には冤罪防止どころか、その判断が行き過ぎている判断も出ているし、そもそも裁判員制度を導入したからといって、もともと冤罪防止が裁判員制度の導入の目的ではないのだから、冤罪防止に役立つことを制度上期待する方が無理筋である。

ところで、裁判員裁判で無罪判決が多く出されているのは、覚せい剤密輸事案である。

もともと、現実の覚醒剤所持事犯では、完全な冤罪というよりも最初からグレーの領域の事件であり、有罪とされても不思議ではない事件ばかりだ。従来は、「ある検察幹部は「これまでのプロ同士、阿吽（あうん）の呼吸でやっていた」（産経新聞二〇一〇年七月五日）のだが、覚醒剤所持事犯では、持ち込まれた物が覚醒剤との認識があったのか、その物が所持品の中にあったことの認識の有無など、当人の主観が問題になるため、裁判員には認識しづらく、だから無罪判決が多かったものと思われる。それに危機意識をもった捜査当局と最高裁によって逆転有罪判決が維持されるようになったが、**裁判員の判断を覆した上級審を批判するマスコミは皆無**である。

以上のことからも、裁判員制度では、量刑の判断も感情論で、有罪立証の判断でも、事実誤認があり、冤罪防止にも役に立っていないことが明らかとなった。無罪判決が多く出された覚醒剤所持事犯では、そもそも冤罪が多いという話は聞いたことがない。

むしろ冤罪を生み出す可能性があるのは裁判員制度そのものなのだ。マスコミはその事実に気づきながらも、その制度の根本にまで迫ることが無いのは残念を通り越して、裁判員制度の弊害を助長し、刑事裁判手続きの破壊者と言っても過言ではない。

研究コラム①　裁判員裁判から見る刑事裁判の問題点　新穂正俊

刑事裁判はもともとわかりやすい裁判か

これまで裁判員裁判がいかにわかりやすさに力を入れて来たのか紹介し、そのための努力が滑稽でありまた危険なものであることを指摘してきた。

このコラムで扱うのは、そもそも刑事裁判は「わかりやすい」裁判なのだろうか、ということである。この問いに対しては即座に「ノー」と言っておく。裁判が一般的にわかりづらいことを考慮しても、とりわけ刑事事件は複雑に絡んだ難しさがある。それは何か。

予断排除がなぜ「原則」と言われるのか

第一に、通常、現代では重大な犯罪についてはテレビや新聞等のマスコミで大々的に報道され、一般人にしろ裁判官にしろその報道に接しており、しかも、そこでは、逮捕された容疑者がいかにも真犯人であるかのごとく報道されている。それが予断として、記憶に刻まれているという問題である。

また第二に、法曹の専門家は別として、被告人が警察に逮捕され、そして検察官に処罰を求められて起訴され法廷に被告人として立たされている場合に、それだけで、否応なく「犯人」に見えてしまうことである。ここでも、予断という問題が生じる。

裁判官は、一応そのような予断偏見を持たぬよう十分訓練を受けているが、裁判員となる一般の国民は、なかなかそのことを理解することは難しいだろう。このことについては、例えば、被告人という響きだけで犯罪者だと印象付けられても不思議ではないという事情があることは前述のとおりである。実際、筆者の経験でも、民事事件において、「被告」とされた依頼者から、「何で私は、被告と呼ばれなければならないのですか。おかしいでしょう」と言われたことがある。もちろん何故被告と呼ばれているのかについては説明をしたが、一般の人にしてみれば、突然「被告」とされれば、何か悪いことをした人間として扱われていると感じてしまうというのもあながちおかしなことではないと思われる。

それゆえ、裁判員は、マスコミで報道されていることや、起訴されていることに対してもっている先入観を無視するようにしなければならない。報道等から与えられた予断を排除することについては、知識だけではなかなか補えず、意識の変革が必要になる。これが裁判員にとって、刑事裁判で判断をする者のとして、なかなか意識しにくいことであり、刑事裁判がわかりづらいという理由の一つである。

無罪かどうかを考えない

第二の問題は、見落とされがちだと思われるのだが、裁判員が有罪か無罪かを判断する場合は、有罪の確信をもてるかどうかだけが判断の対象となっていることである。無罪は判断の対象ではなく有

罪の確信がもてない反射的効果として無罪となるに過ぎない。これは無罪推定の原則の一つの現れであり重要な刑事手続きである

裁判員も含めて一般の人は、有罪か無罪かを判断する場合にそれらを比較して、可能性の強い方を選択をして有罪か無罪を決める。しかし、刑事裁判では、有罪が確信できない以上無罪となる。無罪は無罪を証明した結果ではなく、有罪と確信出来なかった場合の結果に過ぎない。

しかし、市民的な感覚からすれば、有罪を「確信できる場合にのみ」有罪とでき、それ以外は全て無罪としなければならないという刑事裁判の考え方は理解しづらいだろう。もし、読者の方が、これまでの説明で刑事裁判の有罪か無罪かの判断の仕方が理解できないと感じられるようであれば、それが、正に刑事裁判の判断手法の難しさということを如実に表していると言える。それだけ、一般の人には理解出来にくいことだということである。

第七章　裁判員制度におけるわかりやすさが持つ落とし穴

公開性とわかりやすさ

裁判員制度の導入によって、刑事裁判がわかりやすくなったと言われることがある。その背景として、専門用語がわからないとか、供述調書などは要旨の告知だけだから、法廷で何がどのように審理されているのかわからない、などという言い方がされている。

そもそも専門用語が並ぶことのどこに問題があるのか、実はよくわかっていない。今もなお裁判傍聴者はほとんどいないのが一般的だが、法廷で何をしているかわからないのが原因だという趣旨の批判なのであろうか。わかりづらいことが原因で誤判があったというわけでもなく（誤判の原因は別にある）、わかりやすさがクローズアップされた理由は実はそれほど明らかではない。ただ一つ明らかなのは、**わかりやすくしないと裁判員が理解できない**、ただそれだけだ。本章ではわかりやすさをめぐる問題の全体像を明らかにしよう。

裁判の公開は憲法八二条一項で「裁判の対審及び判決は、公開法廷でこれを行ふ」と規定され、国民が裁判を傍聴することを保障するものであり、権力行使を国民が監視するための制度である。司法権といえども国家権力であり、その権力行使の在り方は日本の民主主義や人権保障にも関わるものだからだ。国民が司法を監視した事例は多々あり、有名なのは松川事件であろう。これは戦後まもなく起きた列車転覆事件で、国鉄などの労働組合の弾圧を目的としてでっち上げられたものだ。仙台地裁、仙台高裁では死刑を含む不当判決のオンパレードであった。

全国に広がった松川裁判の支援の結果、ついに最後は無罪判決を勝ち取ることになった。裁判の公開とは、このような権力行使に対する監視、批判のためのものであり、法廷の傍聴席に閑古鳥が鳴いていたからといって、そもそも国民が批判的に取り上げるような内容の裁判でなければ、いたって当然の現象なのである。

裁判員制度のわかりやすさとは

裁判員制度の導入時に言われた「わかりやすさ」は、この権力監視のための公開の要請からくるものとは明らかに意味が異なる。あくまで**裁判員のための「わかりやすさ」**なのだ。

裁判員裁判でわかりやすさを重視することは、刑事裁判そのものをお芝居にしてしまうということである。例えば次の報道をご覧いただきたい。

最も変化したのは、検察と弁護人の主張、立証だった。論告では検察官は原稿を持たず、**身ぶり手ぶりを交え**、「被害者の苦しみを、ぜひ想像してみてください」と裁判員に訴えかけた。ほかの地検の例を参考に、担当した検事三人で**リハーサル**をしたという。この〝組織的〟な準備は「胸に迫るものがあった」と裁判員から高く評価された。一方の弁護人。しっかりと練り上げた検察側ほどの表現力はなかったが、事件の概要を平易な言葉で説明し、**被告を「さん」付けで呼ぶなど随所に工夫**が見られた。（大分合同新聞二〇〇九年一〇月一八日）

読者はどのような感想を持つだろうか。わかりやすさとは、「裁判員に伝える」ことこそがその中心になっているのは明らかであろう。そしてそれが「リハーサル」や「身振り手振り」などが要求され、これで裁判員も「見て聞いてわかる」ということなのだ。

このような話題は枚挙にいとまがない。いくつか紹介しよう。

まず、東京地裁で殺人罪に問われた事件。

二八日の公判で、弁護人は、酒を手放せない妻の様子などのイラストを「**紙芝居**」のようにめくりながら最終弁論し、（略）判決後、裁判員四人と補充裁判員一人が記者会見に応じ、「紙芝居」について五〇代の男性裁判員は「私は会社勤めなので、プレゼンテーション（説明）としてどうかと言えば、レベルは高くない」と印象を語り、三〇代の男性裁判員は「わかりやすいが、若干、やり過ぎかなと思った」と述べた。（読売新聞二〇一〇年一月二九日）

大阪地裁堺支部で強盗致傷罪に問われた事件。

弁護側は被告の**家族四人の写真を法廷の大型モニターに映し**「子どものもとに父親を帰して」と執行猶予付き判決を求めた。裁判員からは「事件前になぜ妻子のことを考えなかったのか」という質問も出た。（毎日新聞二〇一〇年二月三日）

弁護人のパフォーマンスが裁判員からも冷ややかな目で見られているのは滑稽の極みだが、読者の中にもこの「わかりやすさ」に違和感を持つ方も少なくないのではないか。少なくともこれらが**権力の監視を目的としたわかりやすさではない**ことは理解して頂けたと思う。

では、マスコミはこの滑稽さをどのようにとらえているのであろうか。次で紹介しよう。

わかりやすさと滑稽さ

次の読売新聞の記事の報じ方をどう感じるだろうか。

（弁護人の）二人は難解な言い回しを避け、裁判員に悪い印象を与えないよう「**キャバクラ**」という言葉を「**女の子が接待し、話し相手になってくれる店**」と言い換えるなど立証で工夫をした点を上げた。（読売新聞二〇一〇年二月一一日）

「キャバクラ」と言おうが「女の子が接待し、話し相手になってくれる店」と言おうが大した違いはない。わかりやすくもなっておらず、この程度の表現努力で裁判員の印象が変わって量刑に反映するはずもない。むしろ、これで量刑が変われば、それこそ刑事裁判ではなく茶番劇そのものだ。しかし、**読売新聞記事は「わかりやすさを工夫している」という点で明らかに肯定的**にとらえているのである。

確かに専門用語を「わかりやすい言葉」に置き換えなければ、裁判員にはそもそも意味が通じないということになるが、日常的な言葉まで置き換えてしまい、それでもって「裁判員を説得できたか＝わかりやすかったか」と考え、検察・弁護人で事件の成否や量刑を争うことが、果たして本当に刑事裁判と言えるのか甚だ疑問である。こういった**わかりやすさをめぐる事情が表面的にとらえられ**、裁判員に対するアンケートの項目の一つである「検察官、弁護人のどちらの主張がわかりやすいか」というようなレベルの発想に結びつくのである。

従来の法廷がわかりにくいのであれば、必要に応じてマスコミがわかりやすく解説して報道すれば済む話だ。マスコミによる「裁判がわかりにくい」という批判は、自分の報道姿勢に対する責任転嫁でしかない。

裁判員制度におけるわかりやすさとは、**裁判員に対するプレゼンのわかりやすさ**でしかなく、極端な単語の簡素化と、ビジュアル化、そして滑稽なぐらいのパフォーマンスでしかなく、これを肯定的に評価できるはずもない。そもそも**刑事裁判がわかりやすい、わかりにくいかで有罪・無罪が左右されたり、量刑が左右されたりすることが許されるはずもなく**、刑事裁判ではどちらの主張がわかりやすいかと考えること自体が間違いなのだ。

わかりやすさのワナ

裁判員制度のわかりやすさとは、要は裁く側、裁判員にとってのわかりやすさだといえる。裏を返せば、裁判員は検察官や弁護人の主張を、果たしてどれだけ理解できているのか疑問だと言うことだ。極端な場合には**裁判員の感情に訴えるというものがあるが、そこには理屈は不要**である。そのため視覚に訴えられ、パフォーマンスが繰り広げられるのである。

しかし、そうなるとパフォーマンス力の差が問題だろう。次の報道はその典型だ。

〈検証・裁判員裁判（七）第三部・検察と弁護負担／「組織」と「個人」課題抱え攻防〉

刑事事件・裁判が専門の検察の「組織」に対し、法律相談から企業法務まで幅広く手掛ける弁護士は「個人」が基本。態勢や時間的余裕の差は歴然だ。法廷では、その不均衡な力関係が如実に表れる。カラフルな図表をふんだんに使った資料を配ったり、パソコンを駆使したりする検察側の立証はわかりやすく、見栄えもいい。

〈リハーサルも〉

仙台地検は裁判員裁判の期日が近づくたび、本番仕様のリハーサルを実施している。一件につき数回、地検幹部が公判担当検事の姿勢や視線、言葉遣いなどを細かくチェックする。（河北新報二〇一〇年三月一八日）

また、徳島地裁の危険運転致死罪の裁判員裁判では、「検察側は事故状況を**アニメーション**で説明し、そのＤＶＤが証拠として採用された」（読売新聞二〇一〇年四月二一日）という。

このようなパフォーマンスで刑罰を決めていくことに違和感はないか。この現状は、極端な話、パフォーマンスの優劣によって、裁判結果が左右されることを意味しているからである。

さらに、パフォーマンスの内容ではなく**表面的な技術**で差が出た場合、どうなるだろうか。実際、検察と弁護人では極端に差が開いていると考えられることが起きている。

〈大阪地検、ビジュアル立証に「新兵器」〉

大阪地裁で行われた裁判員裁判で、大阪地検が三六〇度全方位の風景画像を連続して映し出す最先端のＩＴ技術を全国に先駆けて導入し、立証に使い始めた。（産経新聞二〇一

一年三月五日〉

この新兵器は一台約五〇万円だそうで、検察庁は何度でも使い回せるからよいが、普通の弁護人であればコスト的には高く、導入は無理。その結果、弁護人はどのような方法で立ち向かうのか。毎日新聞は伝える。

〈大阪弁護士会プレゼン特訓　裁判員から「わかりにくい」〉（毎日新聞二〇一四年五月二〇日）

弁護側のプレゼン特訓とは、いかにも原始的だ。検察官がＩＴ技術を駆使しているのに、弁護人は身ぶり手ぶりのプレゼンなのである。そして、報道日を改めて見比べて欲しい。検察のＩＴ化の報道が二〇一一年、弁護士会のプレゼンの特訓が二〇一四年。このような現状で、刑事裁判はまともに機能しているとは信じがたい。裁判官のみの裁判では、「わかりにくい」というレベルで主張が通らないなどありえなかったが、裁判員裁判ではそうはいかないのだ。

本当にわかったかどうかは問われない！

わかりやすさについてのワナがもう一つある。本当に分かったではなく、**分かった気になっ**

ているだけではないかということだ。前述したように、裁判員にわかりやすいようにとビジュアル化したものを使って説明するのであるが、**そこで示されるのは印象であったりする。そのため説明を受けた側は分かったつもりに陥りがち**なのだ。

次の点滴混入事件（京都地裁二〇一〇年五月二〇日判決）では、鑑定証人がＭＳｂＰ（代理ミュンヒハウゼン症候群）について行った説明に対し、全く違う感想を抱いた現状が報道されている。

補充裁判員の会社員の男性が「難しい内容だったのでいまだにはっきりと理解できていない」と率直な感想を語ったのに対し、裁判員の女性は「裁判員同士で何回も話し合ったし、裁判官の方もわかりやすく教えてくれたので理解できた」と話した。（産経新聞二〇一〇年五月二〇日）

それぞれの理解力に差があるとも思われるところではあるが、感想内容を額面通り受け止めるわけにはいかない。特に**「分かった、分かった、わかりやすかった、ありがとう」という人に限って、全然分かっていない**といったことはよくあることだからだ。

例えば、ＮＨＫなどでは、難しい科学分野でも画像を用いて非常にわかりやすく解説しているが、ではその番組を見た後、それを自分の言葉でどれだけ説明できるかと言われれば、心もとなない人は多いだろう。「理解した＝分かった」ということは、**本来、自分の言葉で説明できなければならない**ということだ。いざ自分で説明しようとしてもできない、これが分かった気になっている典型だ。前述した**裁判員の感想**の中で、「自分の言葉で反省を示せていないうちは反省したとはいえない」という言葉を思い返してもらうとよいが、自分の言葉で理解を示せていないうちは、理解したとは言えないのと同じだ。その点、思慮深い人ほど悩むだろうし、反対に分かった気になっている人が悩むことはない。

印象に飛びついて深く考えようとしない人が陥る、典型的なワナがここにあるのだ。

しかも、**裁判官に説明してもらわなければ理解できないということは法廷で見聞きした程度では理解できなかった**ということの裏返しでもある。その意味では裁判員は所詮は裁判官の手のひらの上と言って過言ではない。

「常識に照らし」有罪

裁判員にわかりやすく説明するためとして、「例え話」を持ち出して裁判員に事実認定の説明がなされるケースがあった。

（首都圏連続不審死事件で、検察は）「朝起きて雪が積もっていれば、雪が降った場面を見なくても、夜中に雪が降ったと思う」と検察側は例え話を用い、犯行を認定できると主

張した。（東京新聞二〇一二年三月一四日）

たとえ話で事実認定の仕方を素人にもわかりやすく伝えようとする姿勢がうかがえた。

（岐阜新聞二〇一二年三月一四日）

例え話は、本来、例え話でしかなく、それが今回の事件にも同じように当てはまるのかどうかは、種々の検討が必要になるはずである。だから、常識に訴える例え話は、そもそもごまかしが入っている恐れがあり、危険なのだ。これを「常識」という言葉で判決文を書くと、はっきりと違和感が伝わってくる。茨城県の石岡で起きた選挙事務所突入事件を紹介しよう。

〈殺意と犯人性「**常識に照らし**」認定〉

犯人性と殺意の有無について、判決はいずれも「常識に照らし間違いなく認められるという結論に達した」と指摘。（毎日新聞二〇一一年一二月二三日）

このように、「市民感覚」という名目で刑事裁判の事実認定を厳密な証拠と論理よりも、「常識」的な判断のセンスに期待が寄せられているのだとしたら、どうだろう。まさに**事実認定は「常識」という不確かな概念で決まってくる**ことになる。ところが最高裁は裁判員制度が実施

裁判員制度

最高裁判所

トップページ > 裁判員制度Q&A > ○ 法律を知らなくても判断することはできるのですか。

○ 法律を知らなくても判断することはできるのですか。

裁判員は，事実があったかなかったかを判断します。裁判員の仕事に必要な『法律に関する知識』や『刑事裁判の手続』については，裁判官が丁寧にご説明します。

皆さんも日常生活の中で，何らかの根拠から事実があったかどうかを判断することがあると思います。

例えば，壁にらくがきを見つけたお母さんが，このいたずらは兄と弟のどちらがやったのかと考える場合，「こんなに高いところには弟は背が届かないな。」とか，「このらくがきの字は弟の字だな。」とか，らくがきを見てどちらがやったのかを考えると思います。

刑事裁判でも証言を聞いたり，書類を読んだりしながら，事実があったかなかったかの判断をしていくので，日常の生活で行っていることと同じことをしていると言えます。


される前、ホームページにQ＆Aという形で、事実認定について解説をしていた。上記図を見て頂きたい（現在は削除されている）。それは殺人事件と子どもの落書きを一緒くたにするもので、これを最高裁は「**日常の生活で行っていることと同じこと**」と表現しているのであるが、これがまさに「常識」判断ということになるのだろう。しかし、この事例でも弟が椅子や踏み台を持ってきて高いところに落書きをしていたとしたら、立派な「冤罪」事件を作り出すことになる。「常識」判断の危うさなのだ。

　雪が降った例え話について前掲東京新聞が「雪の例え話は、うっかりすると、厳正であるべき事実認定を甘くする方向に導きかねない危険性をはらむ。まるで裁判員に想像力で考えるように求めている印象さえ持たれる」と論評しているが、まったくその通りである。

わかりやすさの追求による問題

わかりやすさの問題を見てきたが、いかに人は印象に左右されやすいかということがわかる。まさに被告人を印象で見ているのではないかという問題があったことを指摘しておこう。

米国の陪審裁判では服装にすら気を使う。その影響を受けてなのか日本の裁判員裁判でも、例えば、〈法廷ファッション　どこまでOK？　K被告公判で注目〉（毎日新聞二〇一二年四月一一日）などというように被告人の服装が話題となった。

裁判員制度が実施される前のことだが、身柄を拘束されている被告人は、腰縄をつけて法廷に入り、そこで手錠と腰縄を外されるのが裁判官の目前であったが、日弁連はそれを**裁判員が見れば有罪推定となりはしないかと危惧**していたのだ。また身柄を拘束された被告人はサンダル履きが逃走防止のために普通だったが、日弁連は法務省と交渉して**靴に見えるサンダル**を履かせるなどということをやっていた。

しかし、日弁連は、裁判員は印象で「どうやら悪そうなやつだ」という先入観で判断されかねないと危惧しながら、冤罪防止を声高に叫びつつ、この制度に一体、何を期待したのだろうか。裁判員がその程度の印象で判断してしまうと危惧する日弁連がよくも裁判員制度に賛成できたものだ。

性犯罪を見せ物にしてしまった裁判員制度

裁判員制度は、裁判員が見て聞いてわかる制度ということを前提としているが、法廷では原則として調書なども朗読されることになる。従来であれば争いのない調書は要旨が告げられるだけだったが、裁判員が調書を読むことはできないし、想定もされていない。それは性犯罪でも例外ではない。

初日の午前から、法廷はレイプの実況中継のようだった。従来型の裁判では「要旨」を紹介するだけだった被害者の調書。恐怖の暴行の一部始終を、ベテランの女性検事が感情たっぷりに朗読した。「見て聞いて分かる裁判」ってこういうことだったの……。再現写真まで見せられた裁判員たちも、終了後に「気分が悪かった」と明かした。

女性二人に対する強盗強姦罪などに問われた二二歳の被告は、二回目の強姦について、金を奪いに押し入った家の女性の「口のきき方が生意気だったから、制裁として」やったという。（略）傍聴していた女性支援グループの一人は「まるでアダルトビデオの筋書きよね」と語る。（共同通信二〇〇九年一二月三日）

大学四年の女性（二三）＝南城市＝は裁判自体の傍聴は初めてという。事件の概要について「モニターを使い時系列で説明されていたので、とてもわかりやすかった」と感じた。

一方で「犯行の状況がとてもリアルで細かく、怖いと思った」と性犯罪の犯行内容が具体的に示されたことにとまどう。（沖縄タイムス二〇一〇年一月一四日）

このような法廷をどのように思われるだろうか。中には、性犯罪被害者が告訴をためらう被害者が出てきている状況が報じられている。

性犯罪被害者の支援に取り組むグループによると、裁判員裁判で証拠写真などが提出されることを知り、裁判が始まる前に被告と示談した被害者もいる。（北海道新聞二〇〇九年九月二一日）

（数年前に性犯罪の被害に遭った札幌の二〇代の）女性は、「当時、裁判員裁判が適用されていたら、自分は被害届を出さなかった」と語った。（北海道新聞二〇〇九年一一月二一日）

大分県警が被害女性の心情に配慮して、裁判員裁判の対象となる強姦致傷容疑での立件を見送り、対象とならない強姦容疑のまま送検。（略）捜査機関によると、女性は全身に打撲や擦り傷の軽傷を負い、診断書も作成されていたため、県警は強姦致傷容疑での立件を視野に捜査していた。しかし、女性は事件を知られることを嫌がり、被害届を出すことも拒んだ。（読売新聞二〇一〇年四月九日）（但し、この事件の結末は大分地検は強姦致傷罪に切り替え起訴した（産経新聞二〇一〇年四月二七日）、その後、再び強姦に変更されたような記事がある（毎日新聞二〇一〇年五月二五日））。

（右事件に対し）被害者の自宅周辺の地図が大型モニターに映るアクシデントも起きた。氏名や住所を隠し、多くの配慮があっても、絶対の安心はない。「見て聞いて分かる審理」は、被害者に重い負担を課す。（新潟日報社説二〇一〇年四月一九日）

（横浜地裁で強盗強姦罪の裁判員裁判で）検察側は、元病院事務員のA被告（三五）＝横浜市旭区＝が被害者の顔をデジタルカメラで撮影し、「裁判員制度になったから、おれが捕まったらみんなが顔を見るぞ」と口止めしていたと主張した。（朝日新聞二〇一〇年五月一二日）

犯罪被害者のプライバシーという観点は重要であるが、裁判員制度は、その地域から裁判員を選任するという方法をとっているので、**被害者と裁判員が顔見知りという可能性は排除できない**し、被害者のプライバシーを守るような制度にもなっていない。

東京などの大都会であればまだしも、地方であればあるほどその可能性が高くなる。検察庁は苦肉の策として、裁判員選任の際の忌避の制度を利用している。この制度を利用して被害者の近隣を住所とする裁判員候補者を忌避してなるべく事前に排除しようとしたのだ。しかし、現実には「性犯罪事件を扱った福岡地裁での裁判員裁判で、『被害者を知っている可能性がある』として、検察側が、裁判員や補充裁判員から除外しようとした候補者が選任されていたことがわかった。除外対象者が、裁判員法で忌避できる人数制限を超えたために外しきれなかった」（読売新聞九州版二〇一〇年一月一〇日）というのが現実である。

もちろん、裁判員に限らず、これまでにも傍聴人に対して見せ物にされることは問題となっており、昔から性犯罪を中心に法廷傍聴をするマニアの存在は指摘されていた。しかし、裁判員裁判になれば、「わかりやすさ」が強調される分、被害者のプライバシーの侵害の程度は、その比ではなくなる。

犯罪被害者の団体からは、性犯罪は裁判員裁判の対象から外せと主張されているが、性犯罪こそ重罰化を実現したのが裁判員裁判だと主張する被害者団体もあるようであり、被害者団体間でも見解は一致していない。

裁判員制度に関する法務省の検討会では、性犯罪を対象から外すべきという主張も出されていたが、裁判員制度の趣旨に反するとして、取り入れられなかった。他の犯罪との整合性がとれない※というのがその根拠である。しかし、これは裁判員制度そのものの問題なのであるから、性犯罪さえ外せばよいというものではない。（※性犯罪を外すことが他の犯罪と整合性がとれないこと＝裁判員制度に関する検討会（第一三回）議事録では、この議論の主な理由として酒巻匡委員の発言ではあるが次のように説明される。性犯罪特有の問題はないという理解のようだ。「性犯罪だけを取り上げて対象事件から除外するという立法政策に強い根拠があるかどうかというと、多くの問題は、ほかの重大事犯における犯罪被害者の方々に対しても共通する事柄である、例えば親子間の犯罪ですとか、男女間の犯罪というのはやはり他人には知られたくない事柄が絡んでいる場合もあり得るわけであり、どうして性犯罪の被害者だけを取り上げて重大事犯であるのに一律除外するのかという根拠付けが難しい」）

それ以上に性犯罪については、被害者が通常の裁判か裁判員裁判かを選べるようにすべきだなどという主張も聞かれる。しかし、これでは刑事裁判がどのようなものなのかを全く理解していない見解と言わざるを得ない。刑事裁判とは「被告人」に対する生命や自由を制約することの是非を判断する手続きであり、被害者のための制度ではないのである。

犯罪被害者参加がもたらした弊害

裁判員制度の導入が決まったとき、同時期に犯罪被害者参加制度も導入された。犯罪被害者（本人、遺族）が法廷で、被告人に質問をすることができるというもので、従来からあった意見陳述の制度からも大きく踏み込んだ制度だ。この制度の問題点自体は、二二三頁以下で後述するとして、裁判員制度と被害者参加制度が結びつくとき、**市民感情×被害者感情**という刑事裁判にはそぐわない事態を招くことにある。

東京地裁立川支部で行われた強盗強姦事件では、被害者側の代理人弁護士が被害者の意見を読み上げたときの裁判員の感想について、次のように報道されている。

弁護士の話し方もうまく、無期懲役（を求める）という被害者の強い思いがあるとわかり、ぐっときた。（読売新聞二〇一〇年二月一一日）

このように**一般人が強く感情に訴えられたとき、冷静に量刑判断ができない**のが普通ではないか。少なくとも、被告人から見れば、裁判員が冷静に判断しているとは見えないだろう。その意味では適正手続きという観点からも問題がある。

裁判員制度の導入前の事件であるが、次の事件が裁判員裁判でなされたら裁判員の判断にどのような影響を与えるだろうか。

〈闇サイト殺人　遺族が陳情書……極刑求める署名は三三万人に〉（スポニチ二〇一一年四月一九日）

闇サイトで知り合った三人の被告人が共謀して、帰宅途中の若い女性を強盗目的で殺害したという事件であり、被害者は一人であったが、名古屋地裁では二人の被告人に死刑、一人に無期懲役の判決（二〇〇九年三月）が下された。そのときのマスコミの社説は次である。

〈闇サイト殺人　死刑判決はやむを得ぬ〉（中日新聞社説二〇〇九年三月一九日）

マスコミも含め、「世論」が死刑だと喚起し、いわば同調圧力がかけられているような状態の中で、冷静に法に従った判断がなしうるのか、問われてしかるべきである。「自分の感情で決めていい」と力説した裁判員の問題点については前述したとおりである。この事件では控訴審で一人が無期懲役刑に減刑されている。

マスコミ報道が影響を及ぼす

本来、刑事裁判は、証拠に基づいて判断されるものであり、その証拠は法廷に出されたものだけであるから、それ以外の事情を加味して判断することは許されない。

マスコミ報道の中でもワイドショーは、事件についておもしろおかしくのぞき見的に報じるので、その責任感のなさははっきりしているのであるが、そのワイドショーによって心証形成が影響を受けるなどということがあっては、刑事裁判は明らかに歪む。

実際、最高裁は裁判員裁判が実施される前、マスコミに対して、報道に配慮を求めたことがあった。

〈事件報道　偏見与える？　最高裁　配慮求める　メディア側「役割知らぬ」と反論〉

（北海道新聞二〇〇七年一〇月一日）

マスコミは反感を持ったが、報道を受ける国民の側はどのように見ているのであろうか。参考になる世論調査が報じられている。

〈新聞、ＮＨＫの信頼度七〇点台　メディア世論調査〉

裁判員制度の下での事件報道の在り方について「裁判員が公正な判断ができなくなる恐れがあり、規制すべきだ」は三一・七％。「事件を国民に知らせるのが報道の使命で、規制すべきでない」は四一・九％だった。（共同通信二〇一〇年一月二一日）

この調査結果からは、世論も自分がマスコミ報道の影響を受けるという自覚を読み取ることができる。三割強は決して小さな数字ではない。少なくとも裁判員はそのような報道に影響されるのではないかという危惧があると感じているのだ。

次の記事は、裁判員が正直に思っていることを述べたものである。

〈無罪主張の男に懲役一五年　裁判員「**新聞報道を加味**」〉

閉廷後、記者会見した裁判員の三〇代の男性会社員が「家に帰ってからも（裁判のことが）新聞などに出ているので、加味した上でやっていた」と発言。裁判で提出された証拠以外も裁判員が判断材料にしていたならば、予断を持っていた可能性があり、議論を呼びそうだ。（共同通信二〇一〇年三月一八日）

この裁判員のように自覚がなくとも、普通は知らず知らずのうちに報道内容に影響されるものであるから、この裁判員が特殊というわけでもないだろう。特にワイドショーネタにされ、事前に洪水のごとく報道された事件では、予断を全く持たずに臨む方が無理があるのだ。法曹はあくまで証拠から出発するということを共通の出発点としているため、その評価の仕方に立場の違いはあるものの、証拠を前提とする基本的なところでの違いはない。

否認事件では裁判員は本当に難しい判断を迫られているのか

さて、わかりやすさについて論じてきたのであるが、裁判員裁判ではそもそもどのようなことが難しいのか、マスコミの報道から少し見ておきたい。

マスコミは時として、直接証拠がなく被告人が否認している事件で、裁判員は難しい判断を迫られると報道する。例えば次のような感じだ。

埼玉連続不審死事件

遺体が司法解剖されなかったケースがあるなど物証が少ないため、裁判員は**難しい判断**を迫られる。（毎日新聞二〇一一年一月二日）

強盗致傷で被告人が指示役に問われた事件

実行役として有罪が確定した男が「自分は単独犯」と証言、被告から指示を受けたことを認めた捜査段階や自らの公判での供述を否定した。検察側は取り調べの録画映像を上映して「今日の証言は信用できない」と反論。K被告は一貫して指示を否認しており、男の供述は被告の有罪を立証するほぼ唯一の証拠で、裁判員は**難しい判断**を迫られそうだ。

（毎日新聞二〇一〇年六月九日）

「難しい判断」というが、しかし、現実には評議は裁判官が主導している。個別の争点ごとに考え方などを裁判官から提示され、意見を求められるだけであり、裁判員がゼロから考え出すわけではない。記録を読み込むことも一切、不要である。判決文のように思考過程を整理して発言することも文章化することも求められていない。前述したとおり、**わかった気になっているだけでもよい**。

極論すれば、「はい」か「いいえ」で答えられるというものであって、そこに理由を理路整然と述べることまで要求されているわけではない。

マスコミは難しい判断というが、判断の枠組み自体は、要は裁判官の手のひらの上でしかないのだ。

裁判官の手のひらに乗り切らないのが、責任能力の有無のような目に見えないものだったり、量刑問題などであって、いってみれば感覚だけで答えられる分野だが、これは前述した。

裁判員が一応の意見さえ言えば、裁判官が取りまとめ判決文を文章化してくれる。プロが十分なお膳立てをしており、裁判員には特に難しいことは要求されないのである。

ところで、**裁判官は判決文を起案し、理由を書くことによって自らの思考過程を検証する**。しかし、裁判員にはそのようなことは求められておらず、言い切りである。しかも、裁判官が書くその判決理由も裁判員裁判になってからは、要点をしぼって書けということになり、作成する時間的な余裕もないことから、**薄っぺらく簡単**なものになってしまった（当局はこれを「**簡潔**」と表現する。『裁判員裁判における第一審の判決書及び控訴審の在り方』）。これでは裁判官にとっても自省する機会にもなっていないのだ。

評議における裁判官の役割

審理を終えると判決に向けた評議に入ることになる。裁判官、裁判員が評議を行う。評議をリードするのは裁判長である。裁判長は、裁判員法では次のように役割を規定されている。

第六六条第五項　**裁判長**は、第一項の評議において、裁判員に対して必要な法令に関する説明を丁寧に行うとともに、評議を裁判員にわかりやすいものとなるように整理し、裁判員が発言する機会を十分に設けるなど、裁判員がその職責を十分に果たすことができるように配慮しなければならない。

実際には評議は、裁判長が主導することになるが、その実態は裁判員に課せられた守秘義務の壁があるため、外部に知り得ない。それでも次の記事からは、評議の一部が垣間見られるのではないだろうか。

評議では**死刑選択**も議論に上り重苦しい雰囲気になった。裁判長が一人ずつ意見を尋ねる。死刑か無期懲役か、有期懲役か。「パス」「もう少し考えたい」と言う裁判員も。「確信がないと、大勢が傾いた方に消極的に賛成するのが普通じゃないか」と振り返る裁判員もいた。他の評議では、事実関係や同種事件の判決を確認した後、裁判官が刑の重さをいくつか挙げ、**裁判員がいいと思うもので挙手**。それを受けて議論し、改めて挙手で判決を決めた。（毎日新聞二〇一〇年八月三日）

何だか単にどっちがいい？　というレベルの多数決で死刑か無期かを決めているようで心許

ない。この点についても「まっぴらごめん裁判員ブックレット」（裁判員制度に反対する埼玉市民の会、二〇一五年一月発刊）の体験談でも同じようなことが紹介されている。

「では次に、求刑一二年に対してみなさんはどう思われますか」と。これ、どういう風に期間を決めているか知っています？　内容についてお話しできませんからここからはフィクションですが、「一番さんは？」「八年」、「二番さんは？」「一〇年」、「三番さん」「一五年」、「四番さん」「三〇年」、そういう感じで言っていく。はあ、みんなバラバラなんだなと思うわけです。「ハイ出揃いましたよね。じゃあもう一回聞きましょう。では、一番さん」「はあ、やっぱり一〇年にしておきます」、「二番さん」「八年」、「三番さん」「九年」みたいにやってから、決をとる。「これまでの議論は何だったのだろう」と無力感に襲われます。

当然、罰金もそうです。「ハイ罰金どうでしょうか」、「ハイ、五〇〇万！」「三〇〇万！」「二〇〇万！」……「じゃあ、三〇〇万！」みたいなノリです。実際にはもう少し議論はありますし、あくまでもフィクションですが、そんな感じでした。「罰金刑って、こんな風に決まるんだ！　すごいところにきちゃった」と思いました。要するに、根拠もありませんし、適当なんですね。

また、評議の印象について、裁判員が裁判終了後に色々と感想を語っている。

法廷での審理や判決を決める評議をリードする裁判官については、「堅苦しくなく、人間味のある話し合いができた」(四月、松山地裁)という裁判員がいた。反面「誘導的だったように感じた。それなら裁判員制度はいらない」(三月、奈良地裁)、「重要なところは裁判員の意見が反映されなかった。見えない線が引かれている感じ」(二〇〇九年一〇月、静岡地裁浜松支部)との批判も出された。(毎日新聞二〇一〇年五月二一日)

裁判員の緊張をほぐす工夫も披露され、若手裁判官は「和気あいあいの雰囲気をつくるため、話題になる小ネタを事前に仕込んでいる」「裁判官の顔写真付きのプロフィールカードを作って配っている」などと明かした。(読売新聞二〇一〇年五月二〇日)

裁判員のウケを狙わなければならないとなると、裁判長もなかなか大変である。堅苦しいイメージの裁判官像の払拭に懸命なのがほほ笑ましい。

このような報道と同じような内容が、前掲まっぴらごめん裁判員ブックレットでも体験談として紹介されているので、抜粋しておこう。

裁判員が集合したところに、裁判長がやってきました。手に持ってきたのは、何だと思います？　手にしていたのは、「アイドル新聞」。コンビニで売っている、一部三五〇円の月刊紙です。それを一年分、ガサッと持ってきたのです。確かに、前日、裁判長はアイドルのファンだと言っていました。「みなさん、まもなくアイドルのじゃんけん大会があるんですよ。卒業を表明したメンバーがどうなるかが、僕の関心事なんです」。ああ、裁判長、アイドル好きなのか。引退するメンバーが「推しメン」（好きなメンバー）なんだなと、話を聞いていました。さらに裁判長は、「僕は、推しメンの彼女がいるからこのアイドルグループが好きなのか、それとも、彼女がいなくてもアイドルを応援していくべきなのか…」と、ぼやいていました。

裁判官のこのような対応は裁判員をお客様扱いし、ご機嫌を損ねないようにというへりくだった態度ともいえる。確かに、立派に見える裁判官からこのようなお客様扱いを受けたのであれば、裁判員になったことも「良い経験」ということになるのかもしれない。

市民の言葉がわからない裁判官？

裁判官は転勤があり、日本各地に赴任する。転勤自体は裁判官（プラス家族）の負担を大きくするものではあるが、全国の均一化や一カ所にとどまることによる馴れ合いなどの防止のためには一定程度、やむを得ない制度である。

赴任してきた裁判官がご当地の方言を知らないことがあるのも当然だ。これに対して、朝日新聞は次の様に報道している。これをどのように感じられるだろうか。


〈「デンシンボウ」知らぬは裁判官だけ　法廷で問いただす〉

「何て言っているんですか。もっと大きい声で」と、けげんな顔を見せる裁判官。**傍聴席からは「なんで分からないんだろう」と、ひそひそ話す声が聞こえた。**（朝日新聞二〇〇九年一二月一一日）

「デンシンボウ」の意味がわからず聞き返すこと自体、ありうることであって何ら違和感はない。この程度のことをさも大事のように報じる姿勢は、「だから裁判官は市民感覚がないんだよ」と言いたげではないか。裁判員制度を持ち上げたいという朝日新聞の姿勢はともかくとして、このような揚げ足取りのような報道は大手新聞のすることではないであろう。

そもそも地元の言葉に習熟すれば、わかりやすくよい刑事裁判になるかといえば、そんなはずはないだろう。刑事裁判の本来の在り方こそ問題にすべきなのである。

裁く側に立つ模擬裁判

従来、弁護士会が主催して行われる模擬裁判は、被告人の立場でどのように裁かれるのかという視点で行われることが通常であった。

弁護士は、刑事弁護人の立場、すなわち被告人の正当な利益の擁護者としてその人権を守る立場にある。実際は、強大な国家権力の前に非常に困難な闘いを強いられる。これを理解してもらおうと市民参加の模擬裁判が行われてきた。被告人、弁護人の立場というものがどのようなものかを実感してもらうものだ。

ところが裁判員制度の実施が決まってからは、この模擬裁判が様変わりした。**被告人から裁判員の立場（視点）に移ってしまった。**裁判員制度実施前には、法曹三者による模擬裁判が全国各地で展開されていた。また裁判所も単独で積極的に展開した。弁護士会はすっかり影が薄くなってしまった。

〈模擬裁判：裁判官や弁護士になりきり〉

（福岡地裁久留米支部主催）模擬裁判は、強盗傷害事件のシナリオに基づき、裁判員裁判の形式で行う。小学生は裁判官や検察、弁護士、裁判員にそれぞれ分かれて審理。罪に問われた男は無罪を主張している設定のため、難しい判断が求められそうだ。（毎日新聞二〇一二年七月五日）

裁く側の視点に立つのは当たり前かもしれない。裁判員裁判は**裁く側に立つ市民が主役**なのだから。

これに対し、検察を中心にした模擬裁判は珍しいかもしれない。

参考までに高校で習う裁判員制度とはどのようなものかを上げておいた。司法審意見書に記載された内容そのものが教える対象とされている。裁判員制度自体が批判的な見地から教えられることはない。

裁判員制度の定着に向けて

裁判員制度が始まるにあたって，自分たちの判決で被告人の運命が決まるため，責任を重く感じたり，自分が冷静に判断できるか自信がなかったりするため，裁判員として裁判に参加したくないと思う人もいました。

しかし，司法も民主政治の一部であり，本来，法律の専門家《せんもんか》だけでなく，国民全体によって支えられなければなりません。国民が刑事裁判に参加することによって，裁判の内容に国民の視点《してん》や感覚が反映《はんえい》されるようになり，司法に対する理解と信頼《しんらい》が深まることが期待されます。司法の側でも，法律用語をやさしく言いかえたり，議論《ぎろん》をわかりやすく整理したりするなど，裁判員制度の定着に向けたさまざまな取り組みが進められています。

東京書籍『新しい社会　公民』（2012 年 2 月）

〈学生検察官万引き解決〉

大学生が検察官として、警察官の証拠収集を指揮し、自らも取り調べを担当して万引きを解決する——そんな模擬捜査の授業が信州大で実施されている。（模擬捜査授業を担当する）丸橋准教授は「実際の体験を通じ、学生たちの刑事司法への理解が深まる」と語る。（朝日新聞二〇一〇年六月二六日）

この模擬捜査には、現職の検察官も招いて行われ、実際に学生が調書を作成し、検察事務官が添削するという。

大学の授業だから、色々な視点で学ぶというのは良いとしても、捜査の側から理解を深めようとは、裁判員制度の導入の「成果」ともいえるのではないだろうか。

大学生の感想が「立証がこんなに大変とは」、「なかなか味わえない充実した講義。検察官になりたいと思いました」というものだから、**権力の側の視点が露骨**である。

さらに裁判員模擬裁判を検察、弁護人の論戦という視点から見ると、いかにもゲーム感覚なのだ。

〈高校生が模擬裁判を体験　六校が白熱の論戦〉（日テレ二〇一三年四月三〇日）

〈高校生検察官、迫真の法廷劇〉（読売新聞二〇一一年二月二一日）

論戦に白熱するというのも一種の情熱かもしれない。しかし、違和感を覚えざるを得ない。勝ち負けを競っているだけだからだ。

そしてその究極が大阪弁護士会が開発したとされる裁判員ゲーム。

〈裁判員ゲームで攻略　大阪弁護士会こだわり開発　来春、無料公開〉

〈裁判員制度については〉国民の関心の低さが大きな課題。（大阪弁護士会法教育）委員会の木村雅史委員長は「子供から大人まで広く親しまれているゲームを通じて、裁判員裁判の雰囲気を味わいながら、多角的なものの考え方を身につけてもらえたら」と話している。（産経新聞関西版二〇一一年八月二九日）

このようなゲーム的視点から刑事裁判に親しむことに違和感がないか。裁判所、検察という権力に対する監視という視点が感じられないだけでなく、人権について重要な社会的な役割を負っているという意識が欠落していると思わざるを得ない。

研究コラム②　裁判員裁判の公開性——再検証に向けて　新穂正俊

裁判員意見交換会の利用と隠蔽

裁判所は裁判員意見交換会を利用し、裁判員裁判の実体を覆い隠している側面がある。つまり、裁判員は自由に意見を述べ、かつ裁判官は決して押し付けず、いかに自由でかつ公平な手続で行なわれているかを宣伝する一つの手段として利用しているといえるのだ。

そもそも評議での説明は「客観的説明」に過ぎず、裁判官の意見でも裁判員の意見でも何でもない。評議の内容にはならない。従って、守秘義務の対象にもならないのだが、いかにも評議の内容であるかのごとく扱われ、守秘義務に該当するとして説明の内容が明らかにされないのだ。

それゆえ、裁判員との意見交換会を裁判所が開催するのであれば、裁判員に対し、意見交換会では、評議での説明がどのようなものであったかを自由に発言できることを、きちんと告知する必要があるのだが、意見交換会の内容からみる限りそのような説明がされているとは到底考えられない。

これは、裁判員裁判の検証上当然必要であろう。

また、公平な裁判所での判決であることを保障するために、判決の別表として、裁判官が裁判員に説明した内容をきちんと記載した文書を添付させる必要がある。そうでなければ、本当に裁判官が正確に説明をしているかどうか、予断を与えていないか、また説明すべきことを説明しているかどうかを検証することはできないし、その結果公平な裁判所といえるかどうかを検証することができない。裁判員が公平な立場で判断をしたかどうかを判断する有力な材料であり、この説明がおかしければ、控訴の理由にもなりうるものである。

この点に関し、裁判員経験者の貴重な講演がある。正に、裁判長の説明により、本当は無罪を争っている事件なのに、この事件では無罪を争っているという認識がないまま、ささいな部分で一部争っているという誤解を与えられて、事件が終了した時点でも、無罪を争っていたということを認識をされていなかったという経験が話されている。

具体的に講演の内容を引用しよう。引用部分は、「まっぴらごめん裁判員ＰＡＲＴＶ記録集」（裁判員制度に反対する埼玉市民の会）から引用している。

「起訴状の内容確認が、その時間に行われました。麻薬特例法違反の事件で被告人は外国人、審理期間は二日半、事件の争点は三点。一点目は、共犯者と共に営利目的で覚せい剤を一回に渡り譲渡する、麻薬犯罪を犯す意志を持って規制薬物を譲り渡す行為を合わせて行ったこと。二点目は、共犯者と共謀の上、営利目的で「被告人方」で覚せい剤、大麻、コカインを所持したこと。三点目は共犯者と共謀の上、営利目的で「共犯者方」で覚せい剤、大麻、コカインを所持したこと。

知識がない中での説明です。初めて聞くときに、そういう風に説明されてもすぐに理解できません。

つまり、「ああ、そうですか」と、流すしかありません。そこをわかった上なのでしょうか、裁判長から補足説明がありました。「これは一部否認の事件で、基本的なラインは間違いなくあったことだが、共犯や時期については否認している」と、裁判の争点を知ったわけです」（同記録集二四～二五頁）

そして「否認が一部で、相手が認めているのなら、シロかクロか判断しなくていいと安堵していた」（同記録集二六頁）と話されている。その後この話を弁護士にして、はじめてその中で無罪を争っている事件だと知ったということも話されている。

素人故に「基本的なラインは間違いなくあったこと」という裁判長の補足説明で、誤解をしたというものである。まさに、裁判官の無意識か故意かは明らかではないが、誤った説明で、裁判員が当初から有罪を前提として判断していたことが明らかになっており、いかに簡単に裁判員が結果的には有罪の判断へと誘導されてしまうかということが明らかになった事案である。

以上のことを前提にすると、裁判官の説明がどのように行われたかを裁判上明らかにするために、裁判官の説明については、録音を必須にする必要もある。また、判決でそのことが明らかにされるべきである。このことが実現されれば、裁判員裁判における裁判官のわかりやすい説明が何のためになされているかが明らかになり、かつ裁判員裁判の欺瞞性も明らかになっていくだろう。

マスコミはこの見直しの材料集めにこそ力を発揮するべきなのである。

第八章　裁判員ってどのような人たち？

裁判員に取材をしても違法扱い

二〇一二年一月一七日から奈良地裁で始まった警察官二名に対する殺人の裁判員裁判で、読売新聞の記者が裁判員に取材を行い、その内容を記事として掲載したことが裁判員法に抵触すると次の見出しで報道された。〈「裁判員法違反？」奈良の裁判員に読売新聞記者が取材〉（毎日新聞二〇一二年一月一八日）

その内容は、居住する自治体名と職業、年齢が明記され、匿名で「『判決が、今後の警察官の発砲の判断に影響すると思うと……』と責任の重さを思い、不安な胸の内を明かした」と掲載した程度である。

これに対し、読売新聞は謝罪のコメントを出した。裁判員に対する扱いが、マスコミでもピリピリしていることが伝わってくる。

弁護人が地裁の喫煙場所でタバコを吸っているときに裁判員と口を利いたことが問題とされ

たこともある。

〈弁護士が判決前に裁判員と接触〉

裁判員裁判の被告の弁護を担当していた東京の弁護士が、裁判員法に違反して裁判員と接触し、判決を決めるための評議の様子などについて聞いていたことがわかりました。

東京地方裁判所は、裁判員法に違反する重大な問題だとして、所属する弁護士会に対して処分も含めて対応を取るよう要請しました。（ＮＨＫ二〇一二年三月一九日）

喫煙所は、タバコを吸う人が集まる場所であり、喫煙者にとってはコミュニケーションの場でもある。報道では評議の様子を聞いたとされるが、当人の弁明は違うようである。弁護人であれば、目前の人が裁判員であることはわかるから、それでも話し掛けること自体、内容はともかく、うかつだった。裁判所もマスコミも裁判員を守るためにピリピリしているからだ。

しかし、そもそもマスコミが裁判官に取材するのは問題ないにもかかわらず、**裁判員であるが故に取材も接触も禁止するのは民主主義社会としては問題**である。報道（取材）の自由は民主主義社会の大前提であるにもかかわらず、それが制約されても、マスコミは一切その点を問題視しようとはしない。「裁判員」はマスコミにとっても犯してはならない聖域なのだ。

裁判所による裁判員に対する処遇は、お客様扱いであることは前述したが、身体障がい者などの人たちの扱いも同様である。

〈裁判員に聴覚障がい男性〉

前橋地裁の強盗致傷事件裁判員裁判で耳の不自由な男性が裁判員に選任（略）地裁は手話通訳四人を手配。（北海道新聞二〇一一年一月三一日）

〈聴覚障がい者の裁判員に対し〉三一日には証人尋問があり、裁判官や検察、弁護側は通常よりゆっくりと話し、平易な言葉を使って審理した。（読売新聞二〇一一年一月三一日）

〈県内初、全盲の裁判員会見「説明わかりやすかった」〉

裁判所は所内の移動を補助するためガイドヘルパーを手配。証拠の防犯ビデオを上映する際は、検察官が口頭で状況を説明しながらスロー再生を繰り返した。（神戸新聞二〇一一三年五月二四日）

なんとも障がい者に対する手厚い待遇である。裁判員裁判が始まった頃、裁判員候補者の中に障がい者もいたが、地裁が手話通訳者を用意していないことがマスコミから叩かれていた。

〈聴覚障がいの裁判員候補　**手話通訳準備せず**　高知地裁〉（朝日新聞二〇一〇年一月二〇日）。

裁判所はマスコミに叩かれ、障がい者に対する対応にも神経をとがらせていたのだろう。

しかし、問題になるのは障がい者だけではない。実は日本人（裁判員候補になる有権者）の中にも日本語がほとんど話せない人が一定数いる。帰化した外国人だけでなく、中国残留孤児など日本国籍を持った人だ。こうした事情で、日本語に不自由をしている人たちは少なくない。最高裁は、このような人たちは辞退できるとするが、不選任の事由とはしていない。当人がやりたいといえば平等に機会は与えられる。

すべて裁判員のためなのだから至れり尽くせりだ。障がい者に対する配慮が行き届いているなどと感心しているわけにはいかない。これは**裁判員というお客様に対する単なるサービス精神のアピール**であって、前述したように現在の日本社会の中には外国人や障がい者が被告人の場合には排除・差別する傾向が見られるからだ。そもそも日本社会において、障がい者や外国人に対する優しさなど感じたことがない。外国人技能実習生による犯罪も起きているが、彼らの処遇を社会問題とすることこそ必要なことであろう。

障がいのある裁判員たちに対する至れり尽くせりの厚遇と日本社会の福祉の貧困と見比べざるを得ない。裁判員は選ばれたお客様なのだ。

裁判員同士の経験交流はどのように見えるか

裁判員は「選ばれた人」なのだろうか。裁判員を務めただけでエライ！　ということになるとすれば、何かがおかしいのではないか。裁判員裁判では、自分たちが選ばれたという思いが強すぎるのではないかと感じられる報道や行動なども少なくない。

次の花束を贈るという報道をどのように受け止められるだろうか。

〈強姦致傷で男に懲役五年「先輩」から裁判員に花束――札幌地裁〉

今回は札幌地裁で二件目の裁判員裁判だった。二五日に裁判員に選任後、入った評議室の机に「第一回裁判員有志一同」とのカードとともにユリなどが生けられた花瓶が置かれていた。男性は「花を見て心苦しさが取れ、非常に力になった」と語った。（時事通信二〇〇九年一一月二七日）

もちろん贈与を受けた裁判員は気遣いをありがたいと感じるかもしれない。しかし、これではあたかも自分たちが選ばれた者という意識の強さばかりが感じられるし、そのような報道の仕方だ。

一部の裁判員経験者には、このような特別意識が働いているからか、二〇一二年七月、裁判員・補充裁判員経験者による交流組織「Lay Judge Community Club～裁判員経験者によるコミュニティ～」が翌月に結成されると報道された。

根本的な疑問として、何故、このようなコミュニティが必要なのかということであるが、その組織の目的は、報道によれば次のようである（毎日新聞二〇一二年七月二一日）。

①肩の力を抜いて経験を語り合える交流会の開催
②行政や学校からの依頼に基づく市民講座や学習会での講話
③制度や司法の課題への問題提起

②③はともかく、①についてはまさに裁判員経験者だけが目的とするものだが、このようなコミュニティに違和感がないか。**選ばれたものの特権**という意識がありはしないだろうか。

裁判員は、普段、経験することのできない特殊な経験をする。要は前述した「得がたい経験」のことだ。評議や審理以外でも裁判員の全員ではないが特殊な経験もする。例えば、拘置所に拘禁されている死刑囚に対する出張尋問などはその典型だ。二〇一四年五月二九日に宗教団体元幹部の死刑囚に対する尋問が非公開で実施されている。ここまで特殊でなくても重大事件の刑事裁判の審理・評議というだけで日常生活とは断絶された特殊性がある。

この**特殊性を共有した人たちこそが仲間という発想に違和感**を覚えないだろうか。

裁判員の感想の一例であるが、事件は鳥取不審死事件のものである。

裁判員と補充裁判員を務めた一〇人全員が閉廷後の四日午後、鳥取地裁で記者会見した。

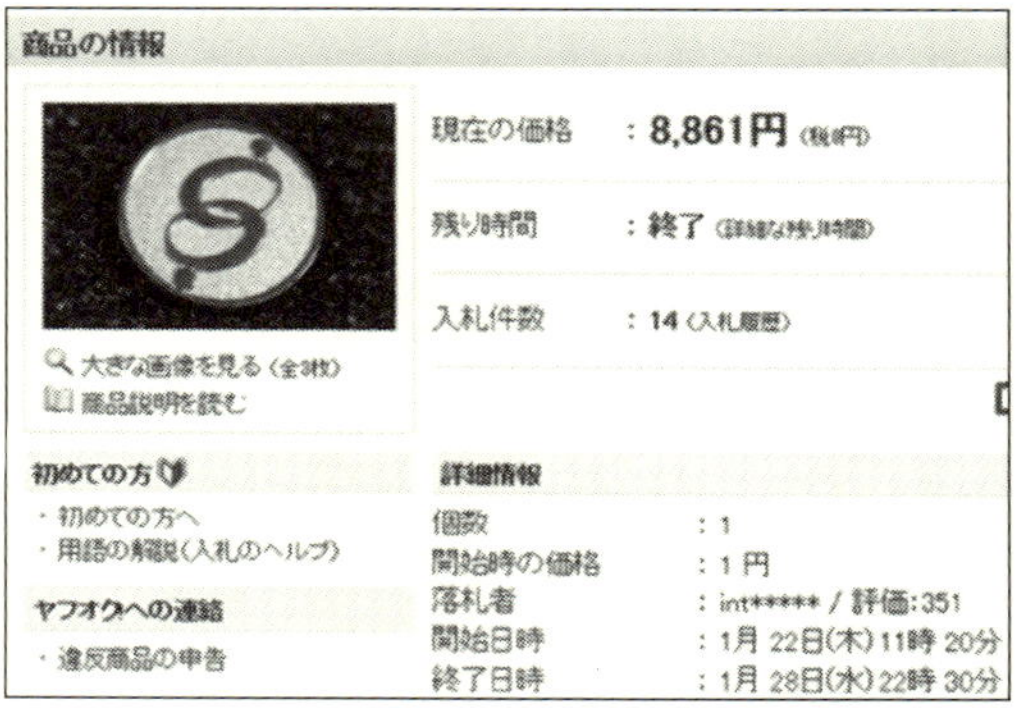

選ばれた人にだけ与えられるバッジ　2015年1月オークションに出品されていた。

（略）鳥取県米子市の男性は、「**一〇人で力を合わせたからこそできた**。何ら恥じることはない」と評議を振り返った。（略）五〇代の男性は「全員が納得するまで評議ができたので充実している」。四〇代の男性は「長いと思っていたが、濃密な評議だったので短く感じた」と話した。（産経新聞二〇一二年一二月四日）

このような認識が連帯感を生む土壌であろうか。

前掲の毎日新聞では続けて次のようにも報道している。「毎日新聞が制度開始三年に合わせ経験者四六七人に行ったアンケートでも『同じ事件の裁判員経験者ともう一度会いたいと思うか』との設問に、すでに会った二三人、ぜひ会いたい八九人、会ってもいい二一八人――で**希望する声が多い**」

裁判員だった者同士が交流を深めたい、そのような希望が多いという報道である。

しかし、そもそも**アンケート対象が四六七人にすぎず**、**経験者数からみれば圧倒的な少数**（アンケート対象となる年度の区切りが不明なので経験者数を示せないが各年度ごとに一万人は経験者がいる）であるし、このようなアンケートを可能にしているのは、自ら記者会見に応じているなど裁判員に積極的な層であるから（マスコミは元裁判員に対して網羅的にアンケート調査を行うことは不可能）、その中でわずか四六七人を前提にして「希望する声が多い」などという評価は非常に意図的と言わざるを得ない。

むしろ、次のような感覚こそ普通ではないだろうか。

「裁判中は番号で呼ばれましたが、評議の間や休憩のときは本名で呼ばれた」という。彼女は、**本名で呼び合うことに抵抗を感じていた**が、反対はできなかった。（産経新聞二〇一二年一〇月二四日）

裁判官としては「配慮」のつもりで実名で呼んだのかもしれないが、抵抗感を持つ方が普通であり、むしろ健全な発想だと思う。このような人が裁判員裁判終了以降の連帯の場を求めるとは思えない。

同じ仕事をした仲間？

裁判所の評議では、それぞれの裁判員は名前では呼ばれず、番号で呼ばれることが一般的である。前述した報道のように評議外での例外はあるが、番号で呼ぶことで裁判員の匿名性が担保されている。判決文にすら関与した裁判員の氏名が記載されないことの問題点は前述した。
この点は守秘義務※も同様である。守秘義務の目的は、**評議の中で自分が発言した内容が他の裁判員によって公開されるようなことになれば評議の場で自由に発言ができなくなる**、ことにある。最高裁がまとめた「裁判員裁判実施状況の検証報告書」（三五頁）では守秘義務に関して発言をした者は多くないものの、発言があった中では多数が守秘義務を肯定的にとらえている。（※守秘義務がこのような制度趣旨ならば裁判官の発言は対象外としても良さそうだが、そうはなっていない。守秘義務が裁判官を守るためと言われている由縁である。）

このような裁判員であった人たちが基本的にはその後の裁判員同士の交流を望んでいるとは思われない。前掲毎日新聞のアンケート調査でもごく一部の人たちが交流を望んでいるにすぎないこともこれを裏付けている。

東京新聞が裁判員に対して行ったアンケート結果について、このように報じている。

評議室では「一番さん」「二番さん」と番号で呼び合い、氏名を名乗らないことが多い。「一緒の時間を過ごしたからといって、仲間とまではいかない」（四〇代男性）、「（連絡先を）交換しちゃいけないんだと、皆が思っていた」（五〇代女性）。打ち解けても、互いのプライベートには立ち入らない雰囲気があったようだ。（東京新聞二〇一〇年八月二七日）

このように、通常の感覚があれば、互いのプライベートな領域には踏み込まないのが常識的対応なのである。

もしもあなたが連絡先を聞かれたら

『世界』（岩波書店）二〇一〇年七月号には、次のような元裁判員の記述がある。

同じ仕事をやった仲間があとで顔を合わせてあの時のことを語り合えるのは、非常に助かる、裁判員連絡会みたいなものをつくりたいと思って、裁判所に電話をしてみたんです。「名前とか連絡先はお伝えできないんです。」と断られた。

元裁判員が同じ事件に関与した元裁判員と交流したい場合は、地裁に問い合わせることになるが、地裁の運用はまちまちのようで、一律に断っている所と、意向確認をした上で伝える所があるようだ。この場合、連絡先を聞かれた元裁判員も裁判所からの問い合わせであるから、連絡先を教えたくなければ断ればよい。裁判所からの問い合わせであれば、聞かれた方も断りやすいであろう。

では、あなたが裁判員となった場合、隣りにいる別の裁判員から、直接、連絡先を聞かれたらどのように思うだろうか。例えば中年の男性裁判員が隣りにいる若い女性裁判員に対して連絡先を聞くような場合だ。多くの人が嫌悪感を抱くはずだ。このような極端な場合でなくても、偶然に知り合っただけの関係で、しかも義務として出頭させられただけの場で連絡先を聞かれること自体に嫌悪感があるのが普通だ。

連絡先を聞かれた場合、嫌ならば断ればいいというものではなく、**断らなければならないような場面に置かれること自体が苦痛**ということだ。自分の意志でなく出頭してきた人であればなおさらである。連絡先を聞きたいという人の真意まではわかりかねるが、同じ仕事をした仲間という連帯意識を持たれたとしても、それを他の裁判員に押し付けられても迷惑な話だ。

各地の裁判所では定期的に元裁判員に案内状を出して法曹三者との意見交換会を実施しているが、それらはどれも**一〇人にも満たない五~六人程度の参加者しかない**のが現実なのだ。裁判が終われば日常生活に戻るだけで、いつまでもその裁判員裁判を経験した仲間という意識を持っている者は少数といって良い。

裁判員は国民の代表ではない

裁判員は抽選で選出されることになっている。マスコミは、裁判員を国民の代表であるかのように言うときがある。「昨年八月以来、約二〇〇件の判決に一千人を超す『ふつうの人々』が国民の**代表**としてかかわった」(朝日新聞二〇一〇年二月三日)

しかし、選ばれた六名は国民の代表ではない。選挙は国民(有権者)による投票であり、投票の結果当選したものが国民の代表として、国会議員、首長、地方議員として活動する。これとは異なり、裁判員は単に抽選で選ばれたに過ぎず、代表という概念は明らかに誤りである。

この基本的な間違いに気づいていないがゆえに、裁判員によって主権が行使されていると位置づけるような、明らかに誤った報道をしてしまうのだ。次をご覧いただきたい。

◇統治主体者の重い責任

正義はあらかじめ決まっているもの、あるいは誰かに決めてもらうものと考えがちですが、自分たちで決めることが憲法の大原則である「国民主権」にかないます。どんな社会をつくり上げるか、私たちには統治主体者として決める権利と重い責任があります。**司法における正義を判断し実現する責任を担うのもそのため**です。（東京新聞社説二〇一〇年四月一八日）

この記事は裁判員としての責任を解いているものであるが、**国家から抽選とはいえ選ばれた者は、基本的には権力側の立場**である。任命・解任は裁判所の権限であり、我々、有権者が裁判員を直接・間接にコントロールできる地位にはない。

裁判員制度は本来的に民主主義とは相容れない制度であり、裁判員が我々の代表であることは絶対にない。

研究コラム③　わかりやすさの問題　新穂正俊

わかりやすさに対する評価

最高裁が実施しているアンケートに、裁判員裁判のわかりやすさを調査するものがある。裁判員経験者が対象で、その中には、裁判官、検察官、弁護士の各説明がわかりやすかったか尋ねる項目がある。二〇一二年一年分の結果では「わかりやすかった」割合は、裁判官八六・二%、検察官六三・三%、そして弁護士が三四・〇%という結果であった。「普通」まで含めると弁護士もそれほどわかりづらいものではなくなるが、いずれにせよ差は大きい。

では、弁護士の説明はわかりづらいのか。どうして、裁判官や検察官とこれだけの差がつくのだろうか。

検察官との差

例えば、検察官との差については、二〇一三年七月に佐賀地裁で行われた裁判員経験者との意見交換会（この交換会は、各地裁で定期的に行われており、各地方裁判所のホームページにも公開されているので見て頂ければ幸いである）の冒頭陳述に対する裁判員の意見で次のように指摘されている。「弁護側は、もう文字をずらずら並べているのに対して、検察官のほうから出された資料は、図も交えてカラーで、説明が見やすくて、もうこの時点で差がついているのではないかな、もう皆さんも言われていたんですけれど、「こっちのほうが分かりやすいし、やっぱりこういうふうに、この人がしたんじゃないかなと印象づけるよね」と言われていました。」

この交換会に出た多くの人の意見でも、図やカラーでの説明で行う検察官の方が、弁護人の字だけの説明よりわかりやすいと述べている。他の裁判所における意見交換会での裁判員の話でも同様だ。

手持ち証拠の量はもちろんのこと、冒頭陳述等にかけられる資金や人員でも明らかに差がでている。

検察は組織として強い権限と力を持つ。他方、弁護人は基本的に個人であり、用意できるものは限られる。差は明確だ。戦う前から圧倒的な人的・経済的な差がある。

情状が言い訳に聞こえてしまう

そして、事実も認め、有罪が前提となり、情状についてだけが問題となる事件が圧倒的に多い。このような事件では、裁判員裁判では往々にして弁護人に不利に働く。裁判員の通常の「市民感覚」からすれば、有利な情状と考えないような情状を情状として主張することも当然多い。例えば、十分に反省している、まだ若くて更生の可能性が十分にある、被害者にも落ち度がある、育った環境が厳しかった、まだ幼い子供もいて路頭に迷うことになる等々、裁判官裁判においては、一応有利な情状とみられるような情状が、裁判員裁判では、有利な事情とはなかなかみられないということがあるように思われる。そのことについては、これまでに引用された新聞の報道からも垣間見られるのではなかろうか。

裁判員からしてみると、前記のような有利な情状として述べられたことは被告人や弁護人の「言い訳」に感じる場合も少なくないだろう。「言い訳」に聞こえるのか、「納得できる説明」と聞こえるか、この差は大きい。そして、裁判員も自分は犯罪者になるなんて想像もできないと考えている人がほとんどだと思われる。それゆえ犯罪者である被告人の事情を理解し情状に耳を傾けるための想像力は、そもそも持ちづらい。有罪を認めるのなら、四の五の言い訳せず処罰を受けるのが当然という「市民感覚」もあるだろう。

検察の主張の問題点

弁護人に較べ、検察の情状での主張は対照的だろう。有罪判断がされた場合、その有罪事実に基づく情状をストレートに主張すればいい。裁判員の「市民感覚」にまさに合致する主張であり、理解しやすいのは当然だ。しかし、問題なのは、裁判員が、冒頭陳述（単に証明する事実を主張している手続に過ぎない）が何かということさえ理解することなく、冒頭陳述の段階で弁護人や検察官が持っている攻撃防御方法の圧倒的差の下で、「この人がしたんじゃないかなと印象づけるよね」という会話がなされているということである。すなわち、冒頭陳述はこれから証明する事実と、その事実を証明するための証拠を提示するものに過ぎないので、そもそもまだ何らの証拠も吟味する前から、予断を抱いているという結果になっている。裁判官であれば、冒頭陳述を聞いて予断をもつということはないはずである。裁判員裁判では、このように、実質審理を開始する前の冒頭陳述において、すでに予断を抱いて審理を始めている。まさに予断排除原則を無視しているということである。

ここに裁判員の刑事裁判手続の理解の低さと、その目的への無理解が端的に表れている。こういった傾向は、精査すればいくらでも議事録から見つけ出すことができる。

裁判官のわかりやすさ

先程見たように、裁判官の「わかりやすさ」が群を抜いている。だがこの結果は当然だ。裁判のあいだ常に一緒にいて、評議では丁寧に説明し、疑問にも答える。わかるまで付き合う裁判官が群を抜いているのはしごく当然である。

問題は、それほど丁寧に教え、わかりやすいと評価されているにもかかわらず、誤解が生じていることだ。本書が指摘してきたように、わかったつもりになっているのだ。

次はわかったつもりになっている点について指摘する。ただ、わかったつもりに裁判員がなってしまうのは、決して裁判員だけに責任があるわけではない。このことについてもふれたい。

裁判官からの裁判員の判断への影響について

前述の裁判員意見交換会によると、裁判員は評議で自由に意見を述べられるという。また、評議でのやりとりによって、裁判官の影響を受けているかどうかについては、一応影響は受けていない印象だ。しかし、影響に無自覚なだけかもしれない。例えば、刑事裁判は有罪のみ証明の対象とし、無罪かどうかは証明の対象にならない。その意味で、一般の人である裁判員にとっては、特殊な手続きと思考形式をとる。当然、大変重要なことなので、裁判官から詳しく説明されるはずである。人間は初めて知った特殊な知識については、話したがる。したがって、多くの裁判員から感想が報告されるはずである。しかし、意見交換会の記録を見渡しても、そのような経験についての報告はない。

誘導の可能性

起訴されたものは原則有罪と考えている裁判官は少なくない。他方、裁判官は裁判員にわかりやすく専門家の立場から説明をすれば素直な裁判員を十分自分達と同じ考えに導くことができるポジションにいる。有罪判断を強制する必要はないのだ。

裁判員はわかりやすく専門的なことを説明されればそれで納得し、わかっていること以外の可能性を検討しない。あるいはしようがない。また、評議においては、裁判官の説明の不当性や間違いを指摘できる専門家もいない。

しかも前述した裁判官事情で、公正な説明があるとは考えにくい。裁判官裁判では、判決の中でさえ、刑事裁判の原則に反するようなことが跳梁跋扈しているようなありさまだ。高裁や最高裁で是正されることも殆どない。

このような状態から、裁判官の「わかりやすさ」と弁護人のわかりにくさの対照を見返すと、技術の優劣よりも、日本の刑事裁判が抱える不気味さを感じるのではないだろうか。

第九章　裁判員制度と死刑判決

死刑判決

裁判員制度の問題で最も大きなものといえば、一般国民が死刑判決に関わらされることであろう。死刑が求刑される事件は、事件そのものが残虐なものが少なくないだけでなく、究極の刑罰である死刑を選択するかどうかを迫られる意味で、普通の感覚では耐え難い重さがある。

次の感想では、裁判員が葛藤していることがわかる。

「死刑判断に関わった重さは、被告人が執行された時、初めて実感すると思う」（略）判決後、被告人側は即日控訴。死刑判決は当然と思う一方、「判決が確定しないことで責任逃れができる」とむしろ歓迎した。気持ちの整理がつかなかった。（毎日新聞二〇一二年五月三一日）

しかし、次のような法曹関係者によるアドバイスは適切であろうか。

（東京高裁裁判長としてオウム真理教事件で死刑判決に関わった）村上弁護士は「人の生き死にを決める究極の判断。悩まないほうがおかしいし、裁判員も大いに悩むべきだ。ただ、裁判官三人と裁判員六人全員で考えること。自分だけで背負わないでほしい」とアドバイスする。（産経新聞二〇一〇年八月三日）

一人ではなく、みんなで考えたのだから責任が九分の一になるというものではない。そのような発想であれば、死刑判決に対する責任の重みを感じることができない。一人でも結論を出せるのかが問われているのである。それが冤罪であったりしたような場合にはそれぞれが責任を負ってもらわなければ困る。量刑判断であったとしても同様であり、むしろ**量刑判断の方がその影響はすこぶる大きく、控訴審の判断にも影響を与えるものであるのだから、本来的に重い責任**であり、その自覚がないのであれば、そもそも関わるべきではないのだ。

死刑判決に対する裁判員の感想

ここで興味深いのは、死刑判決に関与した裁判員の感想の変遷である。最初の裁判員裁判の死刑判決は、マージャン店殺人事件（横浜地裁二〇一〇年一一月一六日）である。

（裁判長が控訴を勧めたいと述べたことについて問われて）私でもそうお願いしたい立場。毎日が大変で気が重かった。何度も涙を流した。（産経新聞二〇一〇年一一月一七日）

この事件では、裁判員の気持ちを代読するように裁判長は被告人に対し、「控訴を勧めたい」と「裁判長が極めて異例の言及」をした。（産経新聞二〇一〇年一一月一六日）

続く石巻少年事件・仙台地裁二〇一〇年一一月二五日の死刑判決でも、裁判員の感想も同じような感想となっている。「一生悩み続けるんだと思った」「自分の考えを誰にも話せず、つらかった」（河北新報二〇一〇年一一月二六日）「重圧で押し潰されそう」「最後まで精神的なケアをしてほしい」（読売新聞二〇一〇年一一月二六日）

ところが裁判員裁判による死刑判決が積み重ねられてくると、裁判員の感想にも変化が現れる。次の報道は隣人殺害事件（横浜地裁二〇一一年六月一七日）の死刑判決での感想である。

二〇代の男子学生は「死刑判決で『自分が（被告人を）殺す』と感じてしまい、精神的にかなりつらいものがあった」と重い判断を迫られた負担を語った。（産経新聞二〇一一年六月一八日）

会見に出た六人のうち、五人が「控訴しないでほしい」と語った。（神奈川新聞二〇一一

一年六月一八日）

精神的にはつらいと言いながらも「控訴しないでほしい」と言うのである。自分たちの死刑判断の受け入れを被告人に迫っているようなもので、**裁く側の発言としては極めて異様**である。裁判官であれば控訴するなと言うことは絶対にない。控訴ができることを告知すること（勧めるかどうかは別）が裁判官の手続き上の義務であり、裁判官が控訴をするなと言うのは被告人に対する圧力で、裁判を受ける権利の侵害にもなるのだが、何故か、**裁判員の発言は無批判に報じられる**のだ。

次は千葉松戸女子大生殺害事件（千葉地裁二〇一一年六月三〇日）の死刑判決の感想である。

裁判員を務めた男性は「本当にこれでよかったのか疑問が残る」と戸惑いを口にする一方、裁判員を務めた女性は「評議を重ねた結果で結論に悔いはない」と言い切った。（毎日新聞二〇一一年七月一日）

裁判員からは「自分たちの意見が反映された判決」との声が上がり、判決内容には〝市民感覚〟が生かされたとの認識を示した。（産経新聞二〇一一年六月三〇日）

自分たちの判断を自画自賛する「市民感覚」には、何かうすら寒いものを感じずにはいられないが、それだけでなく、それを報じる側も裁判員よくやったと持ち上げる調子が見られる。次は鳥取連続不審死事件・鳥取地裁二〇一二年一二月四日の死刑判決での感想であり、この裁判員の自信のほどについてよくわかる。

心身ともに大きな負担。それだけに安堵の表情を見せたり、達成感を表す人も少なくなかった。二〇代の女性は「精神的に耐えられるかどうか、不安だった。泣きながら家に帰った日もあったが、今はホッとしている」

三〇代の女性は「現在は『終わった』という気持ち」と率直な心境を語った。一方、米子市の男性は、「この一〇人（注：裁判員、補充裁判員の合計数）で力を合わせた。判決内容に自信を持っており、何ら恥じることはない」と話した。（産経新聞二〇一二年一二月九日）

この「恥じることはない」と発言した男性であるが、一体、何に対して恥じないというのであろうか。一〇人の共同作業であり、達成感ばかりが強調されているが、「恥じることはない」とは、あたかも**完璧な完成品を作り上げた、だからケチをつけるなと言わんばかりの発言**であり、この自信のありようには恐れ入る。

死刑判決が出された当初、自信のない裁判員たちは死刑判決を受けた被告人に控訴を勧めていた。しかし、その後の裁判員は控訴をするなとまで言った。さすがに越権行為だと気付いたのか、その後はこのような露骨な発言は見られなくなったものの、自信を強調する発言が多いのは相変わらずだ。ざっと紹介したが、その傾向がよくわかるだろう。

裁判員裁判によって永山基準は変容するのか

死刑の選択は生命刑であり究極の選択である。死刑か無期懲役かを選択する場合の基準として、最高裁は、昭和五八年、永山事件において一定の基準を示し、それが先例となっている。前掲千葉・松戸女子大生殺害事件では、判決は「本件に特有な事情を考慮すると、殺害された被害者が一人であることなどは、死刑を回避する決定的事情とはならない」とした。

この判決に関与した**裁判員の感想は、永山基準は参考にしかならない**という衝撃的なものであった。

裁判員を務めた女性は「他の死刑判例とは殺害された人数が一人のみと異なるが、事件の残忍性などを見ると同じように比べることはできない」と述べた。永山基準については「指標としては揺るぎない柱」としながらも、「(項目の)一つひとつに事件内容を当てはめて判断する必要はないのでは」とした。一方、補充裁判員の男性も「死刑を判断する上

で事案については（永山基準に）こだわる必要ないと思う。（産経新聞二〇一一年六月三〇日）

裁判員経験者と補充裁判員経験者計三人が記者会見に応じ、永山基準が死刑判断に影響しなかったことを明かした。三人は「基準にはこだわらなかった」と口をそろえた。（毎日新聞二〇一一年七月一日）

「永山基準」を参考にしたと述べる一方、「私たち一般市民が今の時代の流れに沿った意見を入れてもいいのではないかと思った」（日経新聞二〇一三年二月一四日）

先例である永山基準を無視して、自分の価値観でもって死刑を選択するというものであり、この結論は、確かに裁判員ならではのものといえる。裁判員の声として「裁判員からは『自分たちの意見が反映された判決』との声が上がり、判決内容には〝市民感覚〟が生かされたとの認識を示した」（産経新聞二〇一一年六月三〇日）と報じられている通りである。

そして**産経新聞は永山基準の変更を迫る**のである。

最高裁の判示後二八年を経た永山基準の評価についても、裁判員制度下で再考してみる

時期に来ているのではないか。（産経新聞主張二〇一一年七月二日）

同じく、毎日新聞は識者の声として次の様に報じた。

渡辺修・甲南大法科大学院教授（刑事訴訟法）は「永山基準で被害者の数は一要素にとどまる。他に重大事件を連続して起こした点も考慮すると酌量すべき事情は見あたらない」として判決を妥当とみる。そのうえで「永山基準で裁判員を拘束すべきでない。裁判員は自分の目の前にある証拠を租借《そしゃく》して刑を下さなければならず、むしろもっと重い責任を負う」と述べる。（毎日新聞二〇一一年七月三日）

死刑の選択とは、万が一にも量刑判断を誤ってはならない究極の判断なのだ。永山基準は死刑を選択する上での基準にもかかわらず、これを無視して市民感覚で判断してよいなどというのは、要は**自分の判断こそが絶対**という奢りも甚だしい態度である。

死刑判決でも裁判員裁判の結論を尊重すべきなのか

では、死刑判決であろうと、裁判員裁判の結論は控訴審で尊重しなければならないのか。石巻少年事件では、仙台高裁が被告人側の控訴を棄却した。理由は次のように報じられている。

〈裁判員尊重　審理適切か　個別の事情、背景に迫らず〉

仙台高裁は「市民の経験や感覚」を踏まえた裁判員裁判の死刑判決を尊重した。「控訴審による見直しは慎重であるべきだ」という最高裁の姿勢に沿ったように映る。医学や心理学の知見を活用し丁寧な審理が要求される少年事件が、例外にならないことを示した。（北海道新聞二〇一四年二月一日）

しかし、裁判員による死刑判決を尊重するとはどういうことか。北海道新聞の社説は、批判的に論評した。

〈少年死刑判決　二審の役割果たしたか〉

更正を主眼とする少年法の理念が尊重されたとは到底言い難い。過去の事例とのバランスを保てるのかとの疑念もわく。（略）最高裁は一九八三年の判決で死刑判断の「永山基準」を示した。この判例は変更されておらず、〇六年最高裁判決（注：光市事件）は一般化すべきではない。少年事件を中心に厳罰化を求める声は根強い。だが、死刑は他の刑罰とは質的に異なる。その判断基準を変容させる流れに危惧の念を抱く。（北海道新聞二〇一四年二月一日）

裁判員裁判による死刑判決だから、それを尊重せよというのは、次に述べる通り、明らかな誤りである。

裁判員裁判による死刑判決の破棄

裁判員裁判による死刑判決に対する控訴審で、死刑判決を破棄し、無期懲役に減刑した判決が出た。いずれも同じ裁判長によるもので、三件の死刑判決の破棄となった。

事例一　東京高裁二〇一三年六月二〇日判決（南青山飲食店長殺害事件）
飲食店経営者（七四歳）を強盗目的で殺害。前科として妻子を殺害、懲役二〇年で出所して半年後の犯行。

事例二　東京高裁二〇一三年一〇月八日判決（千葉大生殺害事件）
千葉大生（二一歳）宅に押し入り、強盗殺人、その後、放火。出所後二ヶ月後の犯行。

事例三　東京高裁二〇一四年二月二七日判決（長野一家三人殺害事件）
金銭トラブルから被害者ら（男性六二歳、男性三〇歳、女性二六歳）の首をロープで絞めて窒息死させて現金約四一六万円などを奪った。従犯として認定された。

これに対するマスコミの報道は次のようなものであった。

事例一に対するもの

〈極刑　プロの先例重視〉（北海道新聞二〇一三年六月二〇日）

〈死刑破棄し無期〉（毎日新聞二〇一三年六月二〇日）

〈死刑判決　二審で破棄〉（日経新聞二〇一三年六月二〇日）

事例二に対するもの

〈死刑判決破棄　慎重さ求めた判断〉（朝日新聞二〇一三年一〇月九日）

〈先例踏まえ慎重姿勢〉（北海道新聞二〇一三年一〇月八日）

〈先例踏襲「納得できぬ」母、判決を批判〉（読売新聞二〇一三年一〇月八日）

〈裁判員裁判の死刑破棄二件、遺族ら失望　「民意の法廷　なぜ否定」〉（産経新聞二〇一三年一〇月二二日）

〈死刑判決の破棄　裁判員制度の趣旨揺らぐ〉（産経新聞二〇一三年一〇月一六日）

「だが先例の公式に当てはめるだけなら、裁判員の苦渋の判断は必要としない。」

事例三に対するもの

〈裁判員死刑　破棄三例目〉（北海道新聞二〇一四年二月二八日）

〈裁判員死刑判決「誤り」〉（読売新聞二〇一四年二月二八日）

裁判員裁判による死刑判決が高裁によって破棄されたとき、マスコミの論調は二分した。

事例三では検察側は上告理由が見あたらないとして上告せず、死刑にはならないことで確定した。裁判員裁判によって下された死刑判決が無期懲役に減刑され、死刑にはならないことが確定した事案である（被告人側が上告したが現在では上告棄却で確定している）。しかも裁判員裁判が行われた後の事情が考慮されたわけではなく、**同じ証拠だけを用いているにもかかわらず、裁判員裁判による死刑判決が否定**されたのだ。

ただ、事例一、二に比べ、事例三のマスコミの論調は穏やかであった。三件目という事情もあったのかもしれないが、**その死刑判決が不当であるということがマスコミの目からも明らかだったから**であろう。

既に述べたように、死刑以外の量刑では、そこにバラツキが生じたとしても、裁判員裁判だからという理由だけでまかり通ってきた。前掲求刑超え一・五倍判決に対する最高裁判決によって軌道修正されたが、量刑自体のバラツキ自体は容認されている。

しかし、**死刑か否かでバラツキがあってもいいという結論**は、いくら裁判員裁判だからといって許容しうるものではない。

それはクジによって選ばれただけの裁判員によって死刑か無期懲役に判断が分かれてしまうからであり、不合理極まりないのは自明なのだ。

最高裁の示した永山基準によっても死刑とは「罪刑の均衡の見地からも一般予防の見地からも極刑がやむをえないと認められる場合には、死刑の選択も許される」というように、極限的な刑罰なのだから、それぞれの裁判員の人生観によって左右されるようなものではないのである。

しかも近時は、前述したように、裁判員は「やりたい、やりたい」という層に偏っている。特に死刑関連事件は、残虐な事件であること、審理・評議日数も長くなり、また当初から死刑求刑も予想されていることから、尻込みする候補者が多くなるからだ。そのため、このような裁判員を持ち上げるマスコミの論調が、裁判員による永山基準の先例無視という信じがたい状況まで作り上げてしまったのではないだろうか。

事例二に対する検察の上告理由は、「裁判員の視点尊重」であった。〈死刑破棄で「裁判員尊重を」〉（ＮＨＫ二〇一三年一二月二五日）

ついに最高裁判決が下った！　裁判員裁判による死刑判決を否定

最高裁は、二〇一五年二月三日、事例一、事例二ともに検察、被告双方の上告を棄却し、無期懲役刑が確定した。

最高裁は、死刑に関してはなお一層、先例である永山基準を重視する姿勢を鮮明にしたといえる。**裁判員裁判だからという理由だけで死刑は是認しない**、最高裁は当たり前の結論を出したのだ。

マスコミ報道はある意味では淡々としていた。事例一、事例二が東京高裁で死刑判決が破棄されたときに比べれば明らかなトーンダウンだ。求刑越え一・五倍判決が是正された頃からマスコミのトーンは落ちていたが、ところどころになお恨み節がにじみ出ている。

〈裁判員の死刑判決破棄二件、無期確定へ最高裁が支持〉(朝日新聞二〇一五年二月四日)
〈裁判員裁判初の死刑破棄確定へ「市民参加」何のため〉(毎日新聞二〇一五年二月四日)
〈裁判員の死刑破棄確定へ　先例重視し極刑回避　強殺二被告無期〉(東京新聞二〇一五年二月五日)
〈東京の強殺でも裁判員の〝死刑〟認めず〉(日テレNEWS24二〇一五年二月四日)
〈裁判員と死刑　市民参加の責任と意義〉(朝日新聞社説二〇一五年二月六日)
〈死刑制度　国民的な議論を活発に〉(中日新聞社説二〇一五年二月六日)
〈死刑判決破棄　市民感覚生かすためには〉(高知新聞社説二〇一五年二月六日)
〈最高裁死刑破棄　裁判員に公平と慎重さ求めた〉(読売新聞社説二〇一五年二月七日)
〈裁判員と死刑　より明確な基準が必要だ〉(西日本新聞社説二〇一五年二月六日)
〈裁判員と死刑　明確な判断基準が必要〉(南日本新聞社説二〇一五年二月七日)
〈死刑判決破棄　永山基準見直しも論議を〉(産経新聞主張二〇一五年二月七日)
〈死刑の判断　何よりも公平性が大事だ〉(北海道新聞社説二〇一五年二月七日)
〈裁判員「死刑」破棄／市民感覚の反映なお追求を〉(河北新報社説二〇一五年二月七日)

〈死刑判決破棄　市民感覚をどう生かす〉（徳島新聞社説二〇一五年二月八日）
〈裁判員判決破棄　市民感覚を生かすには〉（山陽新聞社説二〇一五年二月八日）

裁判員の感想も報じているが、マスコミはそこに自分たちの内心を託しているようだ。

報道の中には「Ｉ被告を『死刑』とした一審で裁判員をつとめた男性は日本テレビの取材に、『当時は納得していたが、**その後、死刑じゃなくても良かったのではと思っていた**のでほっとしている』」という感想の紹介もあるが、元裁判員の「納得できない」という声の掲載はその典型例だろう。事例一の補充裁判員だった女性が「最高裁は、被害者が一人だった点を考慮して判断したと思うが、最高裁がじかに被告の話を聞いたわけではない。納得がいかない」（東京新聞二〇一五年二月五日）と報じられている。また、朝日の〈「裁判員裁判、何のため」死刑破棄、遺族は憤り　最高裁判断〉（朝日新聞二〇一五年二月五日）は、まるで朝日新聞の内心を語らせているようだ。

一部の社説では今回の最高裁判決を当然と受け止める一方で、裁判員制度の意義を強調する社説も少なくない。公平性は重要だがという前置きはするものの**市民感覚を生かすために最高裁は責任を果たせ、その基準を示せ**というのだ。永山基準自体は、基準としては明確であるのだが、裁判員制度を絶賛するマスコミからすると、最高裁が打ち出した過去の先例こそ重要というのであれば裁判員の感覚が生かせる場がないということになるのだ。しかし、裁判員による判断だから死刑で良いのかという結論の妥当性が問われていることをまるで理解していない。この論旨であれば、先例（裁判官のみの裁判）では死刑にはならないが、**裁判員裁判では死刑とならなければ市民感覚が生かされたとは言えない**ということにならざるを得ない。マスコミは是が非でも裁判員によって死刑判決を下させたい、というようにしか聞こえないのだ。

ある意味では裁判員に対して死刑判決を出せと圧力を掛けているに等しい。産経新聞が裁判員制度をテコにして永山基準の変更を迫っているのはその露骨な典型例だ。

裁判員のための死刑制度ではない。世界的な流れは死刑廃止であり、少なくとも死刑判決のハードルを下げることではない。やはりマスコミは裁判員制度を正義の制度としてしまっているがために、全く冷静な思考ができないのだ。

なお裁判員制度の意義を強調して最高裁に噛みつくマスコミの論調には悲壮感が漂っているとしかいいようがないが、もともと国民が死刑判決に関わらなければならない大義名分などなかったということなのだ。

死刑執行の理由に裁判員裁判

民主党政権小川敏夫法相の命令により、二〇一二年三月二九日、死刑が執行された。その際、小川法相は、執行命令を出したことついて「裁判員裁判で相次いで死刑判決が出されていることを、重要な要素として挙げた」（北海道新聞二〇一二年三月二九日夕刊）という。

また、別の報道では次の様に伝えられている。

小川氏は、世論調査で国民の八割以上が「死刑はやむを得ない」と回答していることや、裁判員裁判で国民が死刑という厳しい判断を迫られている現状も重視した。（産経新聞二〇一二年三月二九日）

裁判員裁判で死刑判決が相次いでいることを執行正当化の根拠にしたのだ。裁判員裁判が死刑を促進しているということが明らかだ。

ところで、ＮＨＫは、「裁判員経験者『死刑判断行うべき』五七％」（ＮＨＫ二〇一四年五月一七日）と報じた。

このＮＨＫのアンケートは、二〇一三年の一年間にわたって、全国の裁判所で裁判員や補充裁判員経験者を対象に実施されたものだが、この結果だけみると、裁判員の圧倒的多くが死刑判断に積極的に見えてしまうし、裁判員は積極的なんですよと広報せんばかりの報道の仕方だ。この調査は死刑関与事件を裁判員裁判から外すべきだという意見に対するアンチテーゼとして行われたものと思われる。

しかし、実際には、二五二人に郵送やメールでアンケートを行ったにすぎず、しかも回答者は七七名にすぎない。その中の五七％が上記のような死刑判断を行うべきと回答した、要は四四人程度でしかないということだ。この一年間に裁判員ないしは補充裁判員経験者の実数は、一万人を超えている。**一万人のうち、たった四四名**が積極的な方に回答したレベルにもかかわらず、ＮＨＫの報道の在り方はあまりに意図的と言わざるを得ない。

死刑が求刑される事件は、裁判員選任の時点で既に予測されているので、日程の都合などや残虐な映像を見たくないという理由で多くの候補者が「辞退」している。

その中で残った人たちによって構成されているのが、死刑求刑事件での裁判員裁判なのだ。そうなると無作為抽出と言いながら、最初から偏った層の人たちで構成されているのであるから、とてもではないが、裁判員の総体は公正な判断者といえるものではない。

第一〇章　裁判員制度の枠組みと構造的問題

ここでは裁判員制度がそもそもどのような制度なのか、そして、制度上あるいは運用上どのような問題があると論じられてきたのか、その全体像を描き出しておこう。

(1) 裁判員制度の「基本構造」

裁判員制度の特異性

欧米をはじめ世界には、市民参加制度として陪審制度と参審制度が存在する。陪審制度とは、刑事事件の場合、有罪か無罪かの決定を一般人から選ばれた陪審員に任せる制度であり、陪審員は無作為抽出で事件毎に選ばれる。他方、参審制度とは、一般人から選ばれた参審員と職業裁判官が合議体を構成して裁判する制度であり、参審員は一定の職業団体などから選ばれ、任期制のことが多い。

わが国における裁判員制度も、このような市民参加制度の一形態ではあるが、陪審制度とも参審制度とも異なる特異性をもっている。

すなわち、裁判員（六名）は事件毎に無作為抽出で選ばれた素人であり、その事件にだけかかわるものの（この点では陪審制度に近い）、有罪・無罪だけではなく有罪の場合における量刑についても職業裁判官（三名）とともに判断する（この点で参審制度に近い）という特徴をもつ、世界でもわが国独自の制度である。また歴史的に見ても、ナチス・ドイツ占領下フランスのヴィシー政権のもとで成立（一九四一年二月）した参審制度とほぼ同様の制度といえる。（参照『陪審・参審制度　フランス編』最高裁判所事務総局刑事局監修、(財)司法協会、二〇〇一年）

裁判員制度の「基本設計」

次にこうした特異性をもつ、裁判員制度の「基本設計」の概略を見ることにする。

裁判員制度は、連日的開廷で行われる。すなわち審理を連続的（土日を除きほぼ連日）に行い、「約七割の事件が三日以内に、約九割の事件が五日以内に終了する」（最高裁）ことを見込んだのである。

そのために公判の始まる前の法曹三者による準備手続きである、「公判前整理手続」の実施がどうしても必要になる。公判前整理手続とは、「事件の争点及び証拠を整理するための公判準備」をいい、裁判員裁判では必ず実施される。公判審理を短期間で行うために、事前に争点や証拠を絞り込むのである。

この手続きの特徴を要点化すると次の様になる。①公判を担当する受訴裁判所が主催する。②非公開で行われる。③被告の出席は任意だが、必要があれば呼び出される。④争点の整理を行う。⑤争点の整理のために被告・弁護側に予定主張明示業務が課される。⑥証拠の採否を決定。⑦検察側には争点整理との関連で段階的に証拠開示義務が課される（検察官請求証拠等の開示、類型証拠開示、主張関連証拠の開示）。⑧被告・弁護側にも請求証拠の開示義務が課される。⑨証拠調べの制限（公判前整理手続終了後には原則として証拠調べを請求することができない）。⑩公判審理計画の決定（尋問時間も含め分単位で予定が組まれ、判決宣告日時も決定する。本書末尾の（資料２）参照）。

裁判員の「負担軽減」のもたらすもの

前述のような「基本設計」それ自体が裁判の「迅速」処理を目指したものであるが、運用面においては、裁判員の「負担軽減」を最優先としており、このことは第四章で詳細に紹介してきた。

審理時間の短縮については、少年事件における社会記録の軽視、審理時間厳守のため裁判長がストップウォッチを使用という事例が紹介されており、また、公判審理時間短縮のために公判前整理手続が行われるが、公判審理の短縮に向けた法曹三者の「努力」により公判前整理手続が長期化していること、さらに、裁判員裁判は、極めて短縮化された時間内に行われること自体に問題があるにもかかわらず、更なる時間短縮の要求がマスコミから法曹三者になされていること等が紹介されている。

また精神的負担の軽減に関しては、近時は、ＰＴＳＤ防止のため生々しい写真は避けイラスト化するケースが増加していることが紹介されている。

こうして「負担軽減」の恩恵をうけた裁判員は、基本的に「お客様」扱いされ、「裁判員のための刑事裁判」となっている実態がある。被告人のための適正手続保障という基本理念が軽視されているのだが、マスコミはこうした実態を全く認識していないのか、あるいは認識しつつその実態を覆い隠すためめか、「良い経験」を強調し、また「市民感覚の反映」を絶賛する姿勢がみられる。

「わかりやすい」裁判のワナ

わかりやすさという観点からは、わかりやすさを目指す刑事裁判が、感情や印象に訴えることになり、ビジュアル化やパフォーマンスの展開になること、本当に分かったのかどうかではなく分かった気になっただけではないかと思われること、わかりやすさの追求がともすれば被告人を印象で見ることにつながることなどを主に第七章で紹介してきた。

そもそも刑事裁判はわかりにくい性質をもっており、それだけに、「わかりやすさ」の追求は、被告人をはじめ事件関係者の複雑な心理や行動等を解明する方向にではなく、ともすれば、

「血液型性格判断」のような物事や人間を単純化、類型化するという方向に向かいがちであり、このことは「真相の解明」からますます遠ざかることになり、ひいては被告人の公正な裁判を受ける権利そのものを侵害しかねないのである。

前述のような「基本設計」の裁判員制度の下で、裁判員の「負担軽減」や「わかりやすい」裁判という運用上の配慮は、後述のラフ・ジャスティスや裁判官主導をもたらし、適正手続きの観点からみて、大きな問題を生じさせることになる。

犠牲にされる適正手続保障――ラフ・ジャスティスという問題

裁判員制度も刑事裁判の一形態である以上、刑事裁判における諸原則が適用されなければならない。この諸原則については、無罪推定の原則、合理的な疑いを超える立証、疑わしきは被告人の利益にの原則、予断排除の原則、裁判の公開などがある。

これらは、被告人の防御権、弁護権を守るためであり、人権保障上の観点から不可欠であり、適正手続の保障を根幹とする。しばしば刑事裁判への非難として、被告人の人権ばかり重視しているなどといわれることがあるが、被告人の刑事手続上の権利を保障することは、近代刑事法の大原則である。

しかし、前述した「基本設計」の下にある裁判員制度においては、残念ながらこうした原則が十分に守られているとは言えない。裁判員の負担軽減、裁判のわかりやすさが強調され、適正手続保障よりも公判の「迅速・軽負担・平易化」が優先される結果、裁判員裁判はラフ・ジャスティス、つまり適正手続を軽視した粗雑な司法となりかねないという問題がある。次に述べる、最高裁が提唱する「核心司法」はこうした危険をもつのである。

「核心司法」のめざすもの

最高裁は裁判員制度施行前の二〇〇八年に、「裁判員制度の下における大型否認事件の審理の在り方」（司法研究報告）を公表し、この中において「核心司法」を提唱した。

この「核心司法」とは、事実認定（真相解明）を「犯罪事実の核になる部分だけを対象とする」ものであり、「わかりやすく、かつ迅速な審理を実現する」ために「争点を真の争点に絞り込み、その上で（中略）集中審理を行う」とするのである。公判審理期間の「劇的な」短縮と、そのための公判前整理手続を活用した刑事手続の簡略化がめざされている。

この研究報告は「大型否認事件」を対象とし、過去の長期裁判の審理が「核心司法」によってどこまで「短縮」できるかを中心に検討したものであるが、ここで示されている手法は、「大型」ではない事件や自白事件にも適用できるものであり、裁判員裁判一般の手引きとなっている。この報告に示されている手法は、まず、公判前整理手続に関して、①主張の絞り込みによる争点整理の徹底、②証拠の絞り込み（平易化、簡略化、要約化そして厳選）、③精神鑑定の早期化（公判前に行うのを原則とする）、④鑑定書の簡略化等であり、次いで公判審理に関して、①厳格な公判進行管理（時間を厳密に守る）、②証人の厳選と尋問時間の短縮、③中間評議の活用、④自白の任意性に関する立証の工夫等が紹介されている。

この報告は、運用面における公判審理の「短縮化」を極限まで促進しようというものであるが、「このような方向性は、いわゆるラフ・ジャスティスを意味するものではない」とする。しかし、裁判員の負担を著しく軽減してわかりやすい裁判にしないと「三日〜五日」という短期間の審理で結論を下すことはできず、「核心司法」は必然的に、報告書が心配するラフ・ジャスティスとならざるを得ない「宿命」をもっているのである。

つまり、「核心司法」の下においては公判審理が形骸化するおそれが強いのであり、これを手続的な面から少し詳しく見てみよう。

公判開始前に結論？

単純化されたわかりやすい主張と簡略化・要約化された証拠で公判審理を行うために、主張と証拠の絞り込みを徹底し、弁護側も検察側と同様の主張明示義務や証拠開示義務が課される。しかし、格別の証拠収集権限を持たない被告・弁護側は、証拠収集面において強力な捜査権限をもつ検察・警察に太刀打ちできない。

また、そもそも、被告人の予定主張明示義務や証拠開示義務自体が黙秘権等を侵害するおそれが強いことに加え、こうした主張と証拠の整理は弁護側に不利に働く。身体拘束下の被告人との打合せや証拠開示が不十分であっても、検察官主張への反論と立証計画を強要されることから、必然的に検察官による主張、立証の補強を招く。検察官は、主張、立証の弱点を補強した主張とその裏付けとなる立証を用意する。こうして、検察官の主張は増強され、弁護側による弾劾の困難な主張へと仕上がるのである。

本来検察官に立証責任があるにもかかわらず、被告・弁護側が無罪の立証をしなければならないという、まるで立証責任が転換されたかのような状況に、追い込まれるのである。無罪推定の原則は有名無実となる。

さらに、受訴裁判所が公判前整理手続を担当することから、担当裁判官（三名）は公判前整理手続を通じて主張と証拠の全体像を把握することとなり、これにより先取り的な心証形成がなされるおそれが強い。しかもそれは、検察官請求証拠が信用性を欠くなど特別の事情のない限りという留保がつくものの、有罪という心証形成になりがちである。担当裁判官には、公判前整理手続終了時に判決の見通しがつくことが多いと思われるのである。

公判審理の儀式化

従前であれば公判で行われた争点整理や証拠整理、証人の採否、尋問時間の決定など審理計画の決定という重大な手続が非公開の公判前整理手続で行われ、ここで決定される（これは裁判の公開原則にも違反しているとの批判のあるところである）。

そして、公判審理は、分単位で定めた審理計画通りに進められ、かつわかりやすく構成された争点について、厳選された少数のわかりやすい証拠により、大雑把な、ざっくりとした認定で判断されることになろう。状況証拠の積み上げによる立証の場合には、検察側と弁護側の主張のどちらがわかりやすいか、というような「全体的な印象」により判断されかねない。

しかも、裁判官は双方の主張と立証の概要を公判前に熟知している。公判はあたかもシナリオに基づいた裁判劇のような「儀式」、しかも検察の主張と立証を追認するものになってしまうおそれが強いのである。

裁判員と裁判官の「協働」という虚構

裁判員裁判は、法律の非専門家である裁判員と裁判官が「協働」して事実認定や量刑判断を行うものと説明される。では、はたして「協働」と言える実態が存在するのであろうか。

「協働」の一環として裁判官とともに判断することが求められるなど、裁判員の任務は一見重いように思われる。だが「負担軽減」を最優先させた手続の中で、裁判員は裁判官と対等に任務を果たすことができるのだろうか。その答えはノーであり、裁判員は裁判官と対等に任務を果たすことはできないし、また、そもそも制度的に期待されていないとさえ言えるのである。

このことは、端的に言えば、裁判員制度は裁判官が主導して行う「基本構造」になっており、裁判員は「お客様」であってよい、ということである。

しかし、こうした事実をマスコミは国民に伝えることはなく、逆にこうした真実を覆い隠すために（と言っては言い過ぎかも知れないが）、本書が紹介してきたように、「裁判員らしい判断」などとし、裁判員が主導したかのように報道している。

そこで、「裁判官の主導」を「基本構造」とする裁判員制度の実像を見てみよう。

情報格差という越えがたい壁

まず、法的知識を有する職業人は裁判員から除外されるなど、裁判員と裁判官には本来的に専門的知識の格差が存在する仕組みとなっている。加えて、裁判官は公判前整理手続に関与することから、公判に提出されたものばかりではなく提出されなかった主張や証拠にも触れ、多くの情報を知る。つまり、裁判官は事件の粗筋や争点とそれに対する証拠の有無、概要を全て頭に叩き込むことができるのである。一方、裁判員は、その後に選任されることになるので、両者の間には絶大な情報格差が生じるのである。

また、裁判員の負担軽減と公判審理の短縮が強調されると、双方が主張と証拠の検討を念入りに繰り返すこととなり、公判前整理手続が長期化する（実際の進行例につき本章末尾の（資料1）参照）。そのため、この手続において裁判官の触れる情報はより多くなり、情報格差はますます拡大する。

こうして裁判官は、公判開始前に多大な情報に触れることから、事件について先取り的な心証形成、つまり予断をもつことになる。裁判官が公判開始前に判決の見通しをつけうることは先に指摘したとおりである。これは、予断排除の原則に反することに他ならない。そこで、受訴裁判所とは異なる別の裁判体が公判前整理手続を担当すべき、との見解が弁護士会等からは主張されているが、顧みられていない。最高裁からすれば、これほど便利なツールは手放したくないのである。

裁判官主導という宿命

裁判員は事件についての予備知識をほとんどもっていない。もっとも、大々的に報道された事件では別であろうが、この場合には被告人が犯人だ、という予断をもっている可能性があり、これはこれで予断排除原則違反ではないかという問題を生じさせる。

ともあれ裁判員は、基本的には事件の情報をほとんど持たないため、審理についてゆくのに精一杯なのが普通で、あらゆる場面において裁判官が裁判員をリードする必要が生じる。刑事裁判の諸原則や法律概念だけでなく書証の意味や証人尋問における証言の評価などについてもわかりやすく「説明」することも必要になる。公判審理の合間の頻繁な「休廷」の時間を使い中間評議が活用され、時には一定の議論の整理も行われるだろうが、これを主導するのは裁判官である。裁判員が当該事件について、どの様な「心証」を形成するかは、裁判官の匙加減次第なのである。

証拠調べを経て論告求刑と最終弁論が行われ弁論が終結すると、有罪・無罪と量刑を決める評議に移る。評議を運営するのは裁判官であり、裁判官は、裁判員の人柄を把握しつつ、裁判員に自由に発言させ、その言葉に耳を傾けつつも、時には一定の方向に裁判員を「導く」ことも必要となり、またそれは十分可能なのである。また、評決の過半数制は変則であり、裁判官優位となっている（裁判員法六七条は裁判官を含まない過半数を評決として認めない）。変則過半数制は公判前整理手続において決定した判決宣告日時をまもるためにも有効である。

なお、公判前整理手続において決定される審理計画では、事実関係を争う否認事件であっても、判決宣告の日時が決められる。このことは、素朴に考えれば極めて不思議なことではあるが、公判前整理手続を通して裁判官が一定の見通しを立てているからこそ可能なのである。

しかしこうした事実は、マスコミではほとんど報道されず、その大きな要因に裁判員の守秘義務がある。

守秘義務の守るもの

裁判員経験者には一生守秘義務がある。アメリカの陪審員には守秘義務は課されておらず、大きな違いである。この守秘義務は、評議における自由な議論を保障するために必要と言われており、そうした側面も否定できないが、実情は、「裁判官の主導」という裁判員制度の実態を覆い隠すのに役立っている。つまり、守秘義務は裁判員ではなく、裁判官と裁判員の「協働」というフィクション、ひいては裁判員制度の存立基盤を守っていると思われるのである。

無罪判決の要因は何か

無罪判決に対して、裁判員故の無罪との報道がみうけられる。たしかに、「市民感覚の反映」という側面もあろうが、より大きな要因は、裁判官が無罪推定の原則に忠実だったからではないかと思われる。

なぜなら、適正手続保障のための刑事訴訟の大原則を裁判員に十分に理解してもらうためには、裁判官はその原則の内容や由来を懇切丁寧に説明しなければならない。そして、この原則を懇切丁寧に説明するということは、裁判官が当該事件について、有罪に疑問をもっているからと思われるのである。逆に、裁判官が有罪の心証をもっているとすると、懇切丁寧な説明は、その必要性が乏しいであろう。

つまり、裁判官の事件に対する認識如何により裁判員に対する説明の仕方も変わるのであり、結局のところ、裁判官の心証に沿った結論に導かれがちであることは避けられないであろう。

覚せい密輸入事件無罪判決のインパクト

裁判員制度の施行前には予想されなかった出来事に、覚せい剤密輸入事件の否認事件（依頼されたバッグに覚せい剤が入っていることは知らなかった等の弁解がなされることが多い）における無罪判決の出現がある。その嚆矢となったのが、千葉地裁におけるチョコレート缶事件の無罪判決と最高裁におけるその追認である。

この事件は、会社役員の日本人男性が、マレーシアから成田空港にチョコレート缶三個の中に入れた覚せい剤約一キログラムをボストンバッグの中に隠し国内に持ち込もうとしたとして起訴された事案である。

一審千葉地裁は、二〇一〇年六月二二日、「本件チョコレート缶を受け取った際、違法薬物が隠されているかもしれないと思った事実は認められるものの、手荷物として預けられるまでの間に、その不安が払拭されたという被告人の言い分は排斥できないから、本件チョコレート缶に違法薬物が隠されていることを知っていたことが、常識に照らして間違いないとは認められない」とし、無罪を言い渡した。

検察官控訴を受け東京高裁は、二〇一一年三月三〇日、被告の弁解は信用できない、「被告人はチョコレート缶に覚せい剤が隠匿されていることを認識しながら本国に持ち込んで来たものと認めるのが相当」とし、原判決を破棄し有罪を言い渡した（懲役一〇年、罰金六〇〇万円）。

これに対し、被告側が上告したところ、最高裁（第一小法廷）は、二〇一二年二月一三日に、次のとおり判示し、再逆転の無罪判決を言い渡した。すなわち、控訴審は事後審であるから、一審判決が行った証拠の信用性評価や証拠の総合的判断が論理則、経験則に照らして不合理といえるかという観点から判断を行うべきものであり、控訴審が一審判決に事実誤認があるというためには、一審判決の判断が「不合理であることを具体的に示すことが必要である」が、原判決は「第一審判決について、論理則、経験則に照らして不合理な点があることを十分に示したものとは評価できない」と判示したのである。

無罪推定原則と「有罪推定型」判断手法

この事件の一審千葉地裁判決は、裁判員裁判における初の全面無罪判決であり、画期的であった。覚せい剤密輸入事件の否認事件では、運び屋として利用された者が、運んだ物が覚せい剤であること（あるいは荷物の中に覚せい剤が存在していること）を知っていたか否かが争点になり、これまで裁判所は「有罪推定型」判断手法（ああも言える、こうも言えるなどとして、覚せい剤であることを知っていた可能性があるとする判断手法）により有罪としていた。

しかし、一審千葉地裁判決は、「無罪推定の原則」に忠実に判断し、「合理的な疑い」が残ることを理由に無罪としたところ、東京高裁は、従来型の「有罪推定型」判断手法で逆転有罪としたのである。

こうした中で、最高裁は、裁判員裁判初の全面無罪判決という裁判員制度の定着を図るうえで「成果」を維持したいという政治的思惑の一方で、高裁の判示した「有罪推定型」判断手法自体を誤りとする訳にもいかなかったのである。そこで、「一審判決が論理則、経験則に照らして不合理といえるかという観点から判断すべき」であり、かつ「不合理であることを具体的に示すことが必要」との論理を用いて、再逆転無罪とし、一審判決を支持したのである。

高裁の役割は何か——千葉地裁二件目の無罪判決の暗転

この無罪判決後も、覚せい剤密輸入事件について、東京地裁、千葉地裁、大阪地裁などで無罪判決が出された。その後の経過を見ると、控訴されることなく無罪が確定した事件や控訴されたものの控訴審でも無罪が維持された事件もある。

しかし、他方で、高裁で逆転有罪（あるいは破棄差戻）となり、最高裁でも有罪が維持されたケースもある。右最高裁判決後に、高裁において逆転有罪（あるいは破棄差戻）となり、その高裁判決を支持した最高裁判決に、次のものがある。

（ア）最高裁（第一小法廷）二〇一三年一〇月二一日決定（一審千葉地裁）（英国人地質学者事件）

（イ）最高裁（第一小法廷）二〇一四年三月一〇日決定（一審大阪地裁）（イラン人被告密輸指示事件）

ここでは、（ア）のケース、千葉地裁における二件目の無罪判決の帰趨を見てみよう。千葉地裁が二〇一一年六月に二件目の無罪判決を出したことに対し東京高裁は、最高裁に破棄されないように最高裁の前記論理に従い、「有罪推定型」判断手続によって逆転有罪とした。そして、これを最高裁は支持したのである。少し詳しく見てみよう。

本件は、英国籍のウガンダ在住の自称地質学者が、覚せい剤約二・五キログラムを細工したスーツケースに隠し入れて成田空港に密輸入したとして起訴された事案である。

一審千葉地裁は、二〇一一年六月一七日、「被告人の供述には、本件スーツケースに本件覚せい剤を隠匿して用意する準備期間が短いこと、本件スーツケースの入手経緯からは覚せい剤密輸組織が覚せい剤を回収することが困難であることなど、不自然な点が散見され」るものの、「被告人が本件スーツケースに覚せい剤を含む違法な薬物が収納されることを認識していたことが、常識に従って間違いないとは言えず、なお疑いの余地が残るといわざるを得ない」。したがって、「犯罪の証明がないことになる」から無罪とした。

検察官控訴を受け東京高裁は、二〇一二年四月四日原判決を破棄し有罪を言い渡した（懲役一〇年、罰金五〇〇万円）。控訴審判決は、「覚せい剤密輸組織によるこの種の犯罪において、運搬者が密輸組織の関係者から何らの委託も受けていないとか、受託物の回収方法について何らの指示や依頼も受けていないことは現実にはありえない」という経験則（回収方法に関する経験則）を判示し、この経験則違反を理由に、覚せい剤であることの認識を否定した一審判決の判断を事実誤認であるとして有罪としたのである。

被告・弁護側の上告をうけて最高裁は、今度は高裁の判断を容認し、「原判決は、第一審判決の事実認定が経験則等に照らして不合理であることを具体的に示して事実誤認があると判断したもの」とし、解釈適用の誤りも事実誤認もないとして、上告を棄却し控訴審の有罪判決を支持したのである。

差戻後の裁判員裁判はＤＶＤ視聴の怪

（イ）事件も、（ア）事件とほぼ同様の経過をたどり（高裁判決が差戻であった点が異なる）、最高裁は被告側の上告を棄却した。高裁判決が破棄差戻であったため、上告棄却をうけて、大阪地裁において再度裁判員裁判によって差戻審が行われることとなった。

そして、二〇一五年一月の新聞報道によると、差戻裁判員裁判は三月に行われるが、「審理の大半が差し戻し前に実施した証人尋問などを録画したＤＶＤの視聴に当てられ」、このＤＶＤ視聴が「判決と論告求刑の期日を除く七日間のうち五日間計二〇時間に上る」という。「尋問のやり直しを求めたが認められなかった弁護側は、『長期化を避けるためとみられるが、証拠調べとして不十分だ』と反発している」と伝えている（一月二五日付東京新聞）。

弁護側の反発はもっともであり、反対尋問権の侵害、直接主義違反という憲法問題が発生しよう。加えて、裁判員は、有罪との心証を押し付けられたうえでＤＶＤ視聴だけで判断を求められるのでは、厳しい見方をすれば「茶番」と言われても仕方ないのではないだろうか。

最高裁の立ち位置――試される裁判所

以上の次第であり、一審の無罪判決が高裁で破棄されることなく確定するケースがある一方で、これまで紹介したように裁判員無罪判決が高裁で逆転有罪（あるいは破棄差戻し）とされ、最高裁でも有罪が維持されるという状況も固定化しつつある。

なぜ、このような結論になるのであろうか。ここでは、最高裁が無罪推定原則に厳格ではないことを指摘せざるを得ないであろう。最高裁の示した基準、すなわち控訴審が事後審であることを論拠とする、「原審の判断が経験則・論理則等に違反することを要する」旨の基準は、一見すると破棄判断のハードルを高めているようであるが、しかし、結局は価値判断如何に過ぎないことになる。なぜなら、「経験則・論理則違反を具体的に指摘する必要」という判旨も、判決書の表現・修辞的技術によって如何様にでも処理できるからであり、現にその後の有罪判決はそのような判旨で処理されているのである。

結局のところ、裁判官が、無罪推定原則ひいては適正手続保障にどこまで厳格かによって結論が異なってしまう。その意味で裁判所が試されていると言えよう。

(2)「厳罰化」時代の裁判員制度

裁判員の量刑関与という根本問題

裁判員制度は重大事件を対象事件としており、重大事件であれば事実関係に争いのない事件にも適用される。そして、大部分の事件は事実関係に大きな争いのない自白事件であり、ここでの争点は量刑如何である。これまでに紹介された事件の大部分は、まさに量刑をめぐってのものであり、その判断が「市民感覚の反映」とマスコミでは礼賛されている。

ところで、裁判員が「お客様」となってしまうシステムであることを先述した。しかし、裁判員は、国民の義務を果たすために連続する数日間という日程を確保して、裁判所に足を運ぶのである。単に「お客様」で満足という人だけではなく、何らかの意見を表明したくなるのも人情であろう。

こうしたことから、裁判員の「暴走」も生じる。「量刑に関する問題こそ、裁判員が対等に裁判官と張り合える領域なのだ（中略）。自分の感覚だけで量刑を決めてよいなら、これほど簡単なものはない」（一〇九頁）のである。

しかし、「自分の感覚」だけで判断してよいとなると、量刑について裁判体によって大きなバラツキが発生してしまうが、量刑問題はまさに人権問題そのものであり、当たり外れがあってはならない。裁判所サイドから見れば、量刑の公平性は維持されねばならないのである。

こうして、裁判員の「暴走」と、これをくい止めようとする裁判所との間で、量刑問題をめぐって裁判員制度が揺れているのである。そこで、裁判員の量刑関与という根本問題に焦点を当ててみよう。

「厳罰化」の時代

裁判員の量刑関与の問題を考えるにあたっては、今という時代状況、つまり「厳罰化」時代における裁判員制度であることを忘れてはならないだろう。

一九九〇年以降厳罰化が進んだ。各種規制立法の新設に加え、後述するように、交通事故や少年事件の厳罰化、刑法を始め既存の刑罰法規における厳罰化が進行した。

こうしたわが国における厳罰化の流れを刑事法や刑事政策の研究者はどう見ているのであろうか。はじめに、「市民的治安主義」という観点からの分析をみてみよう。


近年、刑事法の領域で「厳罰化」の動きが激しい。それも、量刑相場の上昇のみならず、判例・立法による処罰範囲の拡大、刑事介入の早期化、捜査方法の拡大・立証の簡略化など、刑事法のあらゆる場面で「より積極的な刑罰運用」への動きが急加速している。内田（筆者注：内田博文神戸学院大学教授）の分析によれば、この動きは「国およびメディアなどが枠づけ方向づけた『体感治安の悪化現象』や『犯罪被害者問題』等を媒体として『市民の刑事政策』が『市民的治安主義』と結びつ」いて促進されたものであり、こうした「国が強引に推進している『重罰化』や『処罰の早期化』は、市民刑法ではもはや説明不可能な段階」に到っている。「体感治安」という造語は、オウム真理教事件や神戸連続児童殺傷事件などが発生し「安全神話の崩壊」等の報道キャンペーンが展開された一九九〇年代に警察・法務官僚が用い始めたものである。二〇〇三年には、小泉内閣の下、犯罪対策閣僚会議が、この造語を用いつつ、危機管理機能を有効に働かすべく「国民、事業者、地方自治体等の協力を得つつ着実に施策を推進」するとして、財政、政策実施への総動員的な理解と協力を求めた。

（中略）

つまり、同会議は「統計的にはけっして特異な治安悪化を示す状況にはないにもかかわらず、厳罰化など『わかりやすく見えやすい』対策をあえて強調する方策をとっ」たのである。いわゆる被害者問題は、この動きと呼応して展開され、犯罪被害者の尊厳を守るために「被害者等の声に耳を傾け……被害者の視点に立った施策」を講じる（二〇〇四年犯罪被害者基本法前文）というふれ込みで刑事法政策に持ち込まれた。先述した「より積極的な刑罰適用」への動きはこうして生まれ、加速してきたのである。（梅崎進哉「厳罰化・被害者問題と刑法の存在理由」森尾亮ほか編『人間回復の刑事法学』日本評論社、二〇一〇年）

「厳罰化」とポピュリズム

また、「Penal Populism」（刑罰のポピュリズム）という切り口からの次のような分析もある。

ポピュリズムというのは、もともとは、エリート主義に対する対概念であり、市民による民主化を意味していたが、最近は、大衆に迎合しようとする態度として使われることが多い。一般的には、マスコミなどを使ってキャンペーンを組み、直接世論に影響を与えようとする政治手法等を指すことが多く、大衆迎合的で空気に流されやすいことから、どちらかというと否定的な意味で使われることが多い。本書でも、専門家の意見が軽視され、世論の空気による政策が推し進められるという意味でポピュリズムを使用している。具体的に言うと、「Penal Populism」とは、マスコミが劇場的な犯罪報道を繰り返すことで(治安悪化キャンペーン)、事実とは関係なく、治安が悪化したと多くの市民が不安感を持つようになる。それが犯罪に対する不安、犯罪者に対する怒りや憎しみといった情緒的な反応を市民の中に生みだす。その怒りは、次第に刑事司法制度にも向けられるようになり、裁判所等が犯罪者に対して甘すぎるといった批判が巻き起こる。その結果、専門家による解説や統計的な事実が軽視されるようになり、政治家も巻き込んで、法と秩序キャンペーンが巻き起こり、力による犯罪対策、つまり、警察力の増強や厳罰化といった分かりやすい対策が選択されるようになる。これが「Penal Populism」の典型的なパターンである。(浜井浩一「日本における厳罰化とポピュリズム」日本犯罪社会学会編『グローバル化する厳罰化とポピュリズム』現代人文社、二〇〇九年)

交通事故の厳罰化

ここで、「厳罰化」政策の典型である、交通事故の厳罰化をめぐる動きを見てみよう。

自動車運転による事故に伴う死傷は、刑法上過失犯とされ、従来は、業務上過失致死傷罪（刑法二一一条一項）の成立が問われてきた。しかし、過度に飲酒したうえでの無謀な運転や極度の高速運転の結果人を死傷に至らせる行為など、いわゆる悪質な事案に対して、その刑が軽すぎるとの声があがり、二〇〇一年に成立した刑法の一部を改正する法律により、危険運転致死傷罪が新設（刑法二〇八条の二）された。致傷の場合には一〇年以下の懲役、致死の場合には一年以上の有期懲役（最高二〇年の懲役）である。

二〇〇四年に危険運転致傷罪の法定刑の上限が引上げられた（一〇年以下から一五年以下の懲役に）。

二〇〇七年には危険運転致死傷罪の改正（対象を自動二輪車に広げる）とともに自動車運転過失致死傷罪が新設（刑法二一一条二項）され、また同年、道交法の大幅な改正もなされた。飲酒運転の罰則強化（酒酔い運転は五年以下の懲役又は一〇〇万円以下の罰金、酒気帯び運転は三年以下の懲役又は五〇万円以下の罰金）とこれに関連した同乗者、酒類・車両提供者への処罰規定（懲役刑）が新設された。

さらに二〇一三年六月にも道交法の改正がなされた。①無免許運転の法定刑の引上げ（三年以下の懲役又は五〇万円以下の罰金に）、②これに関連した車両提供者や同乗者等への処罰規定の新設、③てんかん、統合失調症、そううつ病などの患者の免許取得時や更新時における病状の虚偽申告に対する罰則の新設、④医師が診察結果を公安委員会に通報できる制度の新設である。

そして、同年一一月、自動車運転死傷行為処罰法が新設された（二〇一四年五月二〇日施行）。自動車運転による致傷事犯（人身事故）について独立の法律を創設したのである。これは次の条項から成る。
①　危険運転致死傷罪を刑法から移したもの
②　危険運転致死傷罪に刑の重さが同じ罪として新しい類型を追加するもの（通行禁止道路の高速運転）
③　危険運転致死傷罪に刑の重さが軽い罪として新しい類型を設けるもの（酒、薬物、特定の病気の影響で正常な運転に支障が生じるおそれ）
④　過失運転致傷アルコール等影響発覚免脱罪の新設
⑤　自動車運転過失致死傷罪を刑法から移したもの（単に過失運転致死傷罪と称す）
⑥　無免許運転による場合の加重処罰規定の新設

少年事件の厳罰化

少年法は、一九九七年に発生した神戸市小学生連続殺傷事件を契機に、厳罰化に向けた「改正」の動きが浮上した。そして、二〇〇〇年に、刑事処分可能年齢が一六歳以上から一四歳以上に引き下げられるとともに、少年審判への検察官関与制度の導入（一定の重大事件について）という大改正が行われた。

その後、二〇〇七年に少年院送致可能年齢の引上げの改正（一四歳以上からおおむね一二歳以上）、次いで、二〇〇八年に少年審判への被害者等の傍聴を認める改正がなされた。

そして、二〇一四年の改正で、①検察官関与対象事件を長期三年を超える懲役・禁錮にあたる罪まで拡大すること、②有期刑の引上げ等（不定期の上限を現行の一〇年から一五年に、無期代替刑の上限を現行の一五年から二〇年に引き上げる等）、③国選付添人対象事件範囲を①と同様の範囲までに拡大することを内容とする改正がなされた。

こうして、可塑性をもつ少年の保護や健全育成という当初の少年法の理念から大きく逸脱し、少年審判の場が刑事裁判化するに至った。

刑法の法定刑引上げと公訴時効の廃止・延長

二〇〇四年の刑法の一部を改正する法律により、有期の懲役又は禁錮の法定刑の上限の引上げ（単独の罪につき一五年から二〇年へ、併合罪など加重事由がある場合の処断刑につき二〇年から三〇年へ）、強制わいせつ罪・強姦罪等の凶悪犯罪の法定刑の引上げ及び集団強姦罪等の創設を行うとともに、刑事訴訟法の改正により公訴時効期間が延長（死刑に当たる罪一五年から二五年に、無期懲役の禁錮に当たる罪は一〇年から一五年に）された。

二〇一〇年の刑法及び刑事訴訟法の一部を改正する法律により、人を死亡させた罪のうち法定刑に死刑が定められている罪について公訴時効の対象から除外し、死刑以外の法定刑が定められている罪については公訴時効期間を延長したうえで遡及効を付与した。遡及効の付与については、憲法上の疑義（遡及処罰の禁止違反）のあるところであったが、被害感情、遺族の声におされる形で成立した。

実は、この改正の契機となったのが、二〇〇〇年一二月三〇日深夜に発生した世田谷一家殺害事件である。二〇一〇年の法改正で殺人罪の時効期間が廃止されたこと、法改正がなければあと一年で時効になること、警察による犯行推定時刻や容疑者の推定身長等の修正、情報提供を警察が求めていること等が、二〇一四年の年末に大きく報道された。

刑罰インフレの促進

前述した交通事故の厳罰化であるが、厳罰化政策が交通事故を予防する効果があるであろうか。「飲んだら乗るな、乗るなら飲むな」という標語にあるように、車を運転しない限り加害者となることはない。この意味で威嚇という罰則強化は、他の犯罪類型と比べて即効性を発揮する面がある。しかし、その持続性については疑問があり、結局効果を持続させるためには、罰則強化を繰り返すこととなり、刑罰インフレを招くことになる。このことは、この間の厳罰化の動向からも明らかである。

刑罰は交通事故の事後的な、かつ最終の措置でしかない。かねてより主張されているように、交通事故を減少させるための道路交通行政、都市計画さらには衝突事故が発生しても被害を最小限に抑える道路や車両の安全設計、交通安全教育の徹底こそが重要である。

しかし、マスコミは依然「刑罰インフレ」を促進しかねない報道を、無自覚に行っている。二〇一〇年発生の田園調布二児死亡事故について、東京地裁の裁判員裁判において、危険運転致死傷罪が認められず自動車運転過失致死傷罪の成立にとどまった判決（求刑懲役一五年に対し懲役七年）が検察の控訴なく確定したことから、遺族が民事裁判を提起していた。これについて、二〇一四年一二月一〇日付東京新聞は、その判決を翌日に控えての記事において、「遺族『免れた責任、民事で』」、「悪質運転、法改正の契機に」という見出しで大きく報道しているのである。これはほんの一例にすぎない。

社会福祉政策のサボタージュとしての「厳罰化」政策

わが国で「厳罰化」が声高に主張される背景には貧困な社会福祉政策がある。犯罪被害者やその家族などに対しては、手厚い社会福祉政策や精神面での援助が必要であるが、わが国では、新自由主義政策の下で社会福祉等の切り下げが行われ、犯罪被害者対策も極めて貧困である。こうした背景もあって、重大犯罪に対しては、どうしても犯罪者に対する厳罰要求が生じてくる。「厳罰化」は、社会的な非難を犯罪者らに向けさせることで、政府の社会福祉などのサボタージュから国民の目をそらせるという側面が否めないのである。

そして、裁判員裁判の報道においても、同様に「厳罰化」を求める声のみを大きく報道するという実情がある。まさに、「社会問題が隠ぺいされる」（一七頁以下）のである。

「厳罰化」時代の裁判員制度

裁判員制度の導入に際しての懸念の一つに、「厳罰化社会」の進行の中で裁判員に量刑判断まで担当させることにより、「健全な市民感覚」という名の下に重罰化（厳罰化）が生じるというものがあった。

そして、量刑面において、本書で紹介してきたように、温情判決も生まれたが、全体的な傾向として重罰化（厳罰化）が発生した。検察官の求刑を大きく超える量刑、従前形成されていた死刑選択基準（永山基準）に至らない事案での死刑選択などがあり、これは少年事件にも及び、仙台地裁の少年事件への死刑適用は衝撃的であった。

裁判員制度の趣旨が「市民感覚の反映」にあるとすると、そこでの「市民感覚」とは、ともすれば処罰感情や被害感情を量刑に反映させることを意味することになりがちである。マスコミの論調がその方向にあり、また、多くの裁判員経験者が判決後の記者会見等で、被害感情を反映させることが裁判員の使命であると受け止めているかのように語るところである。

「厳罰化」を促進する被害者参加制度

裁判員制度施行半年前の二〇〇八年一二月より、被害者参加制度が施行された。そして、この被害者参加制度が「厳罰化」を促進している。被害者の心情には共感できても、加害者の心情には共感しにくいのは「善良な市民」である一般人の自然の理であり、法廷における被害者の言動に心が揺さぶられることは避けられない。

被害者参加制度実施後の報道を見ても、被害者遺族の報復感情が直接法定に持ち込まれ、被告人質問によって「誠意のなさ」を追及する質問がなされ、あるいは意見陳述により、法廷の雰囲気は被害者遺族の怒りが強く感じられる事例が、制度実施の間もない時期から現れている。そして、裁判員制度の実施により、被害者遺族による情状事実についての反対質問や意見陳述によって、あたかも悲しみと怨嗟の感情に支配された法廷で裁判がなされる事例も報告されている。

筆者の所属する千葉県弁護士会では、委員会活動の一環として裁判員の傍聴活動を行っており、千葉大生殺害事件（一八五頁以下、二四二頁以下）も、被害者参加制度の検証という観点から傍聴対象としていたが、被害者参加人の意見陳述を傍聴した会員の傍聴体験記を紹介しよう。

被害者参加人の意見陳述が作り出した法廷のありさまは次のとおりであった。

被害者参加人の陳述は憎しみと恨みの爆発であった。

涙、号泣と絶叫の中で、次々に被告人の犯行の恐ろしさが述べられ、その弁解はウソであると弾劾され、「こいつ」「このやろう」とも呼ばれ、死亡した千葉大生の生前の若々しい姿と変わり果てた死体の様子が繰り返し対比して陳述された。

また、死亡した被害者は一言も述べることができないのに対し、被告人は弁護人をつけられ、あり余るほどの弁解の機会を与えられているとして、刑事裁判手続き自体に対してまで批判が加えられた。

意見陳述を聞く側はどうであったか。

裁判官は参加人が代わるごと、陳述が終わるごとに丁寧にお辞儀し、また「大丈夫ですか」と気遣い、「ご苦労様でした」と労をねぎらった。そして、裁判長は同情を示す表情で、参加人の陳述の一々に頷いて応えた。

裁判員六人のうち五人は女性であったが、その全員が涙をこぼした。うち二人は始終ハンカチで涙を拭く状態であった。

立会検察官は、主任を含む二人が涙をながし、ハンカチを取り出して一度ならず涙をぬぐった。

弁護人席にいた修習生も涙を流した。

被害者参加人代理人は被害者参加人の陳述に頷いた。

さらに傍聴席では、すすり泣く声がそこここから上がり、それが法廷を満たした。聞くところによると、取材していた新聞記者ですら同情の涙を流したそうである。

これが法廷であった。被害者の意見陳述が事件の当事者、親族はもとより、傍聴人、裁判員、検察官、裁判官まで包み込み、被告人に対する怨嗟の渦巻く感情、激情の場となった。

そのような中、被害者参加人は口々に被告人には更生の可能性はないとして、死刑を求めて陳述を締めくくった。

六月三〇日、判決が言い渡されたが、はたして主文は死刑であった。（梶原利之「千葉大生殺害事件傍聴記――裁判員裁判における被害者参加人意見陳述と法廷の変容」青年法律家二〇一一年八月号）

(3) 量刑の公平性

犠牲にされる量刑の公平性と最高裁の困惑

第六章で指摘したように、当初は従来の量刑基準程度であったものが、その後の「求刑超え」判決に象徴されるように、裁判員の「暴走」がおき、量刑は重罰化した。

そして、こうした「求刑超え」などの事例は、裁判員制度の矛盾を顕在化させてしまったともいえる。なぜなら、「市民感覚」を重視すれば、法定刑の範囲内でどの様な量刑でもよいことになり、裁判体によるバラつきは避けられないものとなり、極端なバラつきすら許容すべきことになる。他方、公平性を重視すべきである、あるいは従来通りの量刑基準でよいというのであれば、専門家である裁判官だけで量刑を判断すればよく、わざわざ一般市民を量刑に関与させる意味はない（かえって有害である）ことになるからである。

こうした裁判員の「暴走」には、実は最高裁も困惑し頭を痛めている。わが国の最高裁判所が「憲法の番人」としての役割を十分に果たしているかは大いに疑問であるが、それでも量刑の公平性は重要視している。求刑超え判決の多発により、「量刑傾向への危機感」をいだき、「裁判員の量刑に慌てた」のである。こうした事態に最高裁がどう対応しているか、見てみよう。

大阪府寝屋川市の幼児虐待死事件については、第六章（一〇四頁以下）で紹介されているが、極めて重要な判決なのでもう少し詳しく見てみよう。

大阪幼児虐待死事件最高裁判決

大阪地裁は二〇一二年三月、この事件について、関与の程度が大きく異なる被告人両名（両親）ともに、検察官の求刑（いずれも懲役一〇年）を大きく上回る懲役一五年を言い渡した。一歳八か月の女児を父母が日常的に虐待し続けた末、ある夜、床に座っていた女児の頭部（横面）を父親がいきなり強打し床に頭を打ち付けたことで急性硬膜下血腫で死亡させた事案である。実行犯は父親だが、夫婦こもごもによる長期間の虐待という背景事実が重視され、夫婦を同罪に処したいという処罰感情に従って捜査、起訴、同一求刑がなされ、同一量刑の判決がなされたといえる。

「求刑超え判決」としてアスペルガー事件判決同様大きく報道されたものの、幼児虐待に対する世間やマスコミによる非難が強かったことから、アスペルガー判決とは異なり、被告人（両親）に対する同情も重罰判決への批判も少なく、控訴審もこれを支持した。

しかし、実行行為に加担しておらず、また傷害についての共謀も認めにくい母親に対しても同罪かつ同一量刑にするなど、事実認定上も量刑上も大きな問題があった。被告人両名の上告を受けて最高裁は、二〇一四年七月二四日、一、二審判決を破棄し、父親を懲役一〇年、母親を懲役八年に減刑する判決を言い渡した。

この判決は、「裁判員裁判といえども、他裁判の結果との公平性が保持された適正なものでなければならないことは言うまでもない。これまでのおおまかな量刑の傾向を裁判体の共通認識とした上で、これを出発点として当該事案にふさわしい評議を深めていくことが求められている」、「これまでの傾向を変容させる意図を持って量刑を行うことも、裁判員裁判の役割として否定はされないが、そうした量刑判断が公平性の観点からも是認されるには、従来の傾向を前提とすべきではない事情があることについて、具体的、説得的に判示されるべきだ」とし、結論として「懲役一〇年という求刑を大幅に超える懲役一五年という量刑をすることについて、具体的、説得的な根拠が示されているとは言い難い」とした。

また、白木裁判長は補足意見で、量刑は裁判体の直感で決めればよいのではないと言い、「裁判官は、評議では個別の事案に即し必要な事項を裁判員に丁寧に説明し、理解を得て進める必要がある」と一審の量刑評議を問題視した。
如何なる裁判形態であれ量刑の公平性は維持されるべきで処罰感情の過剰な量刑は是正されなければならないとする一方で、裁判員制度の謳い文句の一つである「市民感覚の反映」に否定的態度もとれないという二律背反の中での苦心の判示と思われる。本書（九七頁以下）ではこの判決に関連した量刑傾向についての社説を引用している。ここでは判決を伝える翌日の新聞報道のタイトルを見てみよう。ここには大いなる戸惑いと不満が見られる。

〈市民感覚の反映どこまで〉（朝日新聞）
〈量刑の公平性重視　裁判員制度形骸化懸念も〉（東京新聞）
〈裁判員経験者意見割れ　バランス考慮仕方ない、市民感情「否定」に反感〉（毎日新聞）
〈裁判員不満の声　最高裁「先例重視」前面に、市民感覚との調和必要〉（読売新聞）
〈直観的評議戒める　求刑超え一定の歯止め　裁判員制度損なわぬ説明必要〉（産経新聞）

最高裁判決を強く意識——三鷹ストーカー事件判決

この最高裁判決後の量刑状況が注目されていたところ、その八日後の八月一日に、東京地裁立川支部で三鷹ストーカー殺人事件の判決が下された。無期懲役の求刑に対し懲役二二年としたが、最高裁判決を強く意識した量刑であった。

この事件は、私立高校三年の女子生徒が元交際相手の被告人からストーカー被害を受け殺害されたという事件であるが、相談を受けた警視庁管内で情報が共有されず、対応の遅れから殺人事件に至ってしまったことが大きな問題になっていた。

公判審理は七月二二日から二九日まで行われ、被害者の両親が被害者参加制度を利用して意見陳述し、かつ証人としても出廷し、極刑を求めた。

証人として出廷した被害者の父親は「『一人の殺人で死刑は難しいという判断は、今回の事件ではありえない』と裁判員に訴えた」（朝日新聞）。また、被害者の母親は検察官の論告に先立ち意見陳述し、「被告は極刑で罪を償うべきだ」と訴えたが、求刑が死刑ではなかったため、公判後弁護士を通じて「甘い求刑だ。死刑求刑をしてもらうために証人にも立ったのに、裏切られた思い。検察官は被害者が一人だということにとらわれすぎている」とコメントしたという（朝日新聞）。

被害者の両親の出廷した法廷は、被告に対する処罰感情が充満し、裁判員は強く心を動かされたと思われる。評議では、無期懲役や死刑を相当とする意見が裁判員より出されたと想像するに難くない。そうした中で、無期懲役を回避するかわりに、（本件における）有期刑の上限となる懲役二二年を選択したものと思われるのである。

量刑理由では、「強固な殺意に基づく執拗で残忍な犯行。高い計画性」、女生徒の画像のネットへの公開、拡散は「名誉をも傷つけ、極めて卑劣」、他方、「男女のトラブルによる被害者一人の殺人事件で、上限付近の重い量刑が妥当」、画像の公開は「起訴されても名誉棄損罪にとどまる」、「無期懲役刑の選択を基礎づけるものとまでは言い難い」、また、「被告が若く、更生の可能性があること」等を指摘したとされる。

なお、被告人の控訴を受けて、東京高裁は二〇一四年一二月一五日に弁論を行い同日結審、二〇一五年二月六日に判決を言い渡したが、大島隆明裁判長は「一審は被害者の画像をネット投稿した行為を名誉毀損罪と認定し、起訴されていない罪で実質的に処罰した疑いがある。訴訟手続きに反する」と述べ、一審判決を破棄し、審理を東京地裁に差し戻した（毎日新聞二月七日）。検察は上告を断念したとのことであり、あらためて裁判員裁判がやり直されることになる（二月二〇日付東京新聞夕刊）。

最高裁「有識者懇談会」における量刑評議をめぐる意見交換

最高裁は、裁判員制度施行前の二〇〇九年一月より「裁判員制度の運用に関する有識者懇談会」を行っているが、二〇一四年五月二〇日の懇談会（第二四回）において「裁判員裁判における裁判官と裁判員の協働について」という意見交換会を行い、ここに東京地裁安東章部総括判事、横浜地裁國井恒志判事、千葉地裁鈴木真耶判事補を出席させた。

この意見交換会では、安東判事がプレゼンテーションを行った後に、酒巻匡委員（京都大学教授）が量刑判断について以下の問題提起をし、議論が交されている。

量刑の判断枠組みは刑法の解釈なのであるから、本来裁判官の専権事項である。（中略）量刑の考え方の大枠の中で、裁判員の方々の感覚や視点が反映されて、刑のばらつきが出るのであれば結構であるが、それでは説明がつかないような量刑の大枠を逸脱する刑のばらつきがでているような事件もあるような気がしており、十分な説明が判決でもされていないような事例もあるように思う。裁判官はプロとして、今のような点については、説得、誘導といわれようとも、説明をする必要があると考えるが、私は、そうした説明に消極になってしまっているようなことはないかと危惧しており、それは本来の制度趣旨に反する。このような私の意見に対する考えを伺いたい。

この意見交換会は異例にも記者に公開されたこと、この二か月後に前述の虐待死事件最高裁判決が出されていることを考えると、極めて興味深い。もちろん、議論は酒巻意見に賛同する形で収斂するのである。

また、同年一一月一三日の有識者懇談会（第二五回）では、酒巻委員から量刑評議の在り方に関する全国的な議論状況について質問された最高裁の今崎刑事局長は、「全国的に行っており、たとえば先日、各地の裁判員裁判実施庁の裁判官が集まり、司法研修所で量刑評議の在り方を巡って議論を行う研究会を行った」と回答している。量刑評議の在り方は、最高裁の最大関心事なのである。

なお、裁判員制度は司法制度改革審議会意見書（二〇〇一年六月一二日公表）の提言に基づいて制度設計されたものであるが、同審議会の第三〇回会議（二〇〇〇年九月一二日）において、最高裁は、国民には裁判内容の判断はできないとして、「表決権のない参審制」を主張するなど、量刑関与にとどまらず一般市民が表決権をもつこと自体に極めて消極的であった。

量刑判断は「市民感覚」に馴染むか

マスコミが報道しない大きな問題の一つに、裁判員の量刑関与の是非がある。マスコミは「市民参加」という言葉に極めて弱いことに加え、裁判員制度の謳い文句の「市民感覚の反映」を礼賛してきた。そのため、一般市民に量刑判断が可能か、あるいは委ねてよいのか、という点について、ほとんど触れようとしない。

そこで、量刑判断は「市民感覚」に馴染むか、という根本的問題について考えてみたい。

量刑判断（刑の量定）は、刑罰権の本質、目的を踏まえつつ、犯行動機、犯行態様などの犯情事実や被害感情、被告人の更生可能性などの一般情状事実、更には刑の均衡など様々な量刑事情を総合考慮して行う必要がある。その上で、これら諸事情をどの様に考慮するかという考察のもとに最終的な刑の量定という判断をする。それは刑事政策に関する専門的知見と経験に裏付けられた専門的判断であり、その性質は、国家刑罰権の行使として被告人の生命、自由、財産を剥奪する権力的作用を本質とする行為である。

このように考えると、「市民感覚」の強調された量刑判断は避けなければならない。加えて、刑の量定という作業は、一般国民の社会生活とはかけ離れた課題であり、裁判員には馴染みにくい作業であり、特に法定刑の幅が著しく広いわが国の刑法の下で、刑事裁判や刑事政策に関して素人である裁判員が量刑まで行うことには本来的に相当な無理がある。量刑判断は「市民感覚」には馴染まない判断と言えるのである。

しかるに、現在の裁判員裁判においては、裁判員が量刑に関する知識や理論を習得したり、適切な量刑情報を取得できたりするような、専門性を担保する制度的な保障はなく、また、複雑な量刑事情を考慮した適正かつ公平な量刑判断が可能となる環境は、残念ながら全く整っていないのである。

「市民感覚の反映」がマスコミ等で強調されすぎたせいか、量刑における「市民感覚の反映」まで持て囃されてしまい、裁判員の「暴走」が生じ、量刑の公平性、均衡等が大きく揺らいでいるのが現在の裁判員制度の実情であるといえよう。

(4) 死刑と裁判員制度

少数派としての死刑存置国日本

量刑問題の中でも死刑は特殊な地位にある。そこで、ここでは特別に論じたい。

はじめに、死刑存置国は、世界の中では少数派であることを指摘しておこう。日弁連のパンフレット『死刑廃止について議論をはじめましょう』（二〇一三年六月発行）は、次のように述べている。

二〇一二年現在、死刑を廃止又は停止している国は一四〇か国、他方、二〇一二年に死刑を執行した国は二一か国にすぎません。

いわゆる先進国グループであるOECD（経済協力開発機構）加盟国（三四か国）の中で死刑制度を存置している国は、日本・韓国・アメリカの三か国のみです。しかし、韓国とアメリカの一八州は死刑を廃止又は停止しており、死刑を国家として統一して執行しているのは日本のみです。

意外に思われるかもしれないが、韓国では一九九八年より死刑の執行が停止されているのである。韓国の状況を少し詳しく見てみよう。

韓国は「法律上」、まだ死刑を存置している。死刑制度も日本と酷似している。日本の刑事司法システムを継承したので、似ているのは当たりである。しかし、死刑制度の運用と中身は相当異なる。

法定刑として死刑を規定している法律だけでも二〇を超えるし、死刑を定めた条文の数も一一〇余りを数える。執行もかつては、毎年二〇~三〇人ずつ行われ、一九七四年には何と五八人が執行されていた。いくら何でもこの人数はおかしい。通常、存置国と廃止国に二つに分けられるけれども、韓国は単なる存置国ではない、酷い存置国であった。

こんな酷い国が、一九九七年一二月三〇日に二三人を一挙に執行して以来、一人も執行していない。執行停止から今年で一五年目を迎える。アムネスティ・インターナショナルは、法的には死刑制度を存置しながら過去一〇年執行しなかった国を「事実上の廃止国」「実質的な廃止国」(Abolitionist in practice) といって、廃止国のカテゴリーに分類する。その分類によって、韓国は二〇〇七年一二月三〇日、「事実上の死刑廃止国」になった。(朴秉植『死刑を止めた国・韓国』インパクト出版、二〇一二年)

死刑判断について——死刑判決の特殊性

死刑は人の命を奪うという究極の人権侵害を国家の名において正当化する刑罰であり、執行されればもはや救済の余地がなく、取り返しがつかないという意味で特別な刑罰である。したがって、被告人の人権保障のために、死刑求刑事件においては十分すぎるほどの慎重な手続が求められなければならない。

しかし、裁判員法自体には、そうした慎重な手続は何ら定められていないばかりか、逆にラフ・ジャスティスの下での安易な死刑判決が下されるおそれがあるのである。

死刑と冤罪

実は、日弁連などが理想の制度とする陪審制度の母国アメリカにおいて、陪審制度により有罪とされ、死刑を宣告されて確定した死刑囚の「死刑台からの生還」が続いた時期がある。二〇〇六年当時の状況を見てみよう。

いま、アメリカでは、過去の冤罪が次々と明らかにされ、死刑台から無実の人々が生還する、という劇的な事態が繰り返されている。

民間団体である死刑情報センター（ＤＰＩＣ）によれば、全米で一九七三年から二〇〇五年までに一二二人の死刑囚が無実と判明し釈放されているという。（中略）

一九九三年以降全米の死刑台からの生還者数は、年間平均五人に増加し、二〇〇三年には一年間で一二人もの死刑囚が死刑台から生還した。（中略）

一九九八年にはシカゴのノースウェスタン大学ロースクールの主催で、冤罪問題に関する初の全国会議が開催された。過去二五年間に死刑台から生還した無実の元死刑囚三〇人が一同にステージに上り、「私は死刑台の一歩手前にいました」と訴え、会議の模様は主要メディアによって大々的に報道された。それまで、市民参加の「陪審制度」によって決められる評決に誤りがある、と考える市民は極めて少数だったが、この時を境に、少なくない市民が「無実の死刑囚」の存在について考えはじめるようになる。その後も、ニュースメディアでは「死刑台からの生還」のニュースが頻繁にとりあげられていく。（伊藤和子『誤判を生まない裁判員制度への課題』現代人文社、二〇〇六年）

死刑執行立ち止まる米――相次ぐ薬殺失敗　冤罪懸念も

この見出しは、二〇一五年二月二三日付東京新聞の記事の見出しをそのまま使ったものであるが、この記事はアメリカにおける最近の問題状況をよく伝えている。全文の紹介ができないのが残念ではあるが、リードの部分だけでも引用しておこう。

「先進国で最も多く死刑が執行されてきた米国で、ペンシルベニア州が死刑をしばらく執行しない『モラトリアム』の実施を発表した。昨年は薬殺刑に失敗して死刑囚がもだえ死んだ事例もあり、連邦最高裁は現在の薬殺刑が憲法で禁じた『残虐で異常な刑罰』にあたるかどうか審理を開始。国民の間でも支持派は減少傾向にあり、『究極の刑罰』を見直す機運がじわじわと広がっている」

死刑基準の緩和

陪審裁判においてすら、こうした実情が存在するのである。ラフ・ジャスティスという問題をかかえる裁判員制度の下では事態はより深刻である。

裁判員の負担軽減ばかりを重視した拙速な審理並びに遺族の被害感情、処罰感情の表出による報復感情に支配された法廷の出現などの結果、被告人に有利な情状が公判で取り上げられず、被告の人間性を深く掘り下げることもなく、不十分な量刑事情の中で短時間のうちに死刑判決が下されることもありうるのである。少年にも死刑が適用された石巻三人殺傷事件（二九頁以下）は、その典型であった。

次の論文の一節は、「死刑存続の固定化」への危惧という観点からではあるが、裁判員制度導入による死刑基準の緩和への不安感を指摘している。

従前の職業裁判官のみによる裁判では、判例上形成された死刑選択の基準（永山基準）が機能しており、それは「被害者の数」などの客観的な側面にウエイトを置くものであった。職業裁判官による死刑選択基準にも一定の揺れが見られる（光事件の差戻しなど）とはいえ、被害者が一人の事件で死刑が選択されることは稀であったし、被害者が複数の場合であっても、被告人に有利な情状がある場合には、死刑の選択が回避されることも少なくなかった。被害者重視の趨勢の中で、量刑が重くなる傾向がみられたとはいえ、職業裁判官の死刑の適用に関する判断は、それなりの慎重さを伴うものであったのである。

しかし今後は、被害者参加人として遺族が参加した場合などにおいて、従来の客観的基準では死刑の選択がなされなかったであろう事件でも、「極刑を望む」被害者遺族の応報感情を裁判員が重視し、死刑が選択される可能性がある。現在の死刑制度存置の主要な理由は、世論調査などにより、「市民が死刑を必要と考えている」ことに求められている。市民が望み、市民である裁判員が選択した死刑である、ということになれば、控訴審、上告審での是正も期待しにくいことになろう。つまり、死刑制度の存在を所与のものと捉えた場合、裁判員制度は死刑の存続を固定化するものとして機能することになりかねないのである。（水谷規男「裁判員裁判から死刑を問い直す」『法律時報』八二巻七号「特集裁判員時代における死刑問題」、二〇一〇年）

永山基準

右論文で触れられ、第九章においても紹介されている永山基準について簡単に説明しよう。これは、一九六八年に東京や京都などで四人をピストルで射殺した当時一九歳の永山則夫元死刑囚（一九九七年に死刑執行）の事件をめぐり、最高裁が示した死刑の基準をいう。最高裁は一九八三年七月八日、死刑を選択するうえで九つの判断項目を挙げ、次のように判示し永山被告を死刑とした原判決を支持したのである。

犯行の罪質、動機、態様殊に殺害の手段方法の執よう性・残虐性、結果の重大性殊に殺害された被害者の数、遺族の被害感情、社会的影響、犯人の年齢、前科、犯行後の情状等各般の情状を併せ考察したときに、その罪責が誠に重大であって、罪刑の均衡の見地からも一般予防の見地からも極刑がやむをえないと認められる場合には、死刑の選択も許される。

光市事件最高裁判決の死刑基準

また、右論文で死刑選択基準に「揺れ」をみせたと指摘されている光市事件（光市母子殺害事件）の最高裁判決についても、簡単に説明しよう。

この事件は、一九九九年四月に山口県光市で起きた母子殺害事件であり、被告は当時一八歳一か月の少年であった。一九九九年六月、少年は殺人、強姦致死で起訴され、山口地裁は二〇〇〇年三月、被告を無期懲役（求刑死刑）とし、広島高裁も二〇〇二年三月「極刑がやむを得ないとまではいえ」ないとして検察官控訴を棄却した。一審判決も控訴審判決も、永山基準に忠実であった。

これに対し、検察官が上告したところ、最高裁は、二〇〇六年六月無期懲役刑の選択を不相当とし、原判決を破棄し、広島高裁へ差戻したのである（この上告審において弁護人が交替し、無罪を主張。また、弁護人の弁護活動等をめぐり、当時テレビのコメンテーターをしていた橋下徹弁護士（現大阪市長）が弁護人への懲戒申立を呼びかけ、多数の申立がなされ自身も懲戒請求を受けるという騒動がおきた）。

この最高裁判決は次の様に判示し、死刑基準を緩和したのである。

すなわち、「被告人の罪責は誠に重大であって、特に酌量すべき事情がない限り、死刑の選択をするほかないものといわざるを得ない」としたうえで、「特に酌量すべき事情の有無について検討」し、「結局のところ、本件において、しん酌するに値する事情といえるのは、被告人が犯行当時一八歳になって間もない少年であり、その可塑性から、改善更生の可能性が否定されていないということに帰着するものと思われる。そして、少年法五一条（改正前のもの）は、犯行時一八歳未満の少年の行為については死刑を科さないものとしており、その趣旨に徴すれば、被告人が犯行時一八歳になって間もない少年であったことは、死刑を選択するかどうかの判断に当たって相応の考慮を払うべき事情ではあるが、死刑を回避すべき決定的な事情であるとまではいえず、本件犯行の罪質、動機、態様、結果の重大性及び遺族の被害感情と対比・総合して判断する上で考慮すべき一事情にとどまるというべきである。」とした。

そして、結論として、「原判決及びその是認する第一審判決が酌量すべき事情として述べるところは、これを個々的にみても、また、これらを総合してみても、いまだ被告人につき死刑を選択しない事由として十分な理由に当たると認めることはできないのであり、原判決が判示する理由だけでは、その量刑判断を維持することは困難であるといわざるを得ない」と判示したのである。

なお、差戻控訴審は二〇〇七年五月から行われ一二月に結審し、広島高裁は二〇〇八年四月、死刑を言い渡した。被告・弁護側は上告したが、最高裁は二〇一二年二月上告を棄却、死刑判決が確定した。

裁判員の死刑判決の控訴審における破棄事例

以上のような裁判員制度の下における死刑基準の緩和という問題意識からと思われるが、一審の裁判員による死刑判決が控訴審で破棄され、無期懲役に減刑されるという事例が東京高裁（しかも同一裁判長）で重なった。第九章（一八五頁以下）でも紹介されている次の三件である。

①二〇一三年六月　南青山飲食店店長殺害事件
②二〇一三年一〇月　千葉大生殺害事件
③二〇一四年二月　長野一家三人殺害事件（なお、この事件では起訴された共犯者四名のうち、三名が一審で死刑判決を受け、うち二名は控訴審でも死刑が維持されている）。本件については検察が上告を断念し被告のみ上告していたことから、無期懲役以下の刑が事実上決まっていた。

「裁判員の判断を尊重すべき」という圧力と量刑判断における上級審の役割という新たな問題が生じている中での死刑基準如何という重大問題であり、今後の最高裁における判断が注目されていたところ、最高裁は二〇一五年二月三日付で、①と②について控訴審の無期懲役を支持し、検察、被告双方の上告を棄却した（なお、この判決については一八八頁参照）。また③事件については、二月九日付で被告の上告を棄却、無期懲役が確定した。

法と理性に基づく裁判

刑事裁判は「法と理性に基づく裁判」でなければならないが、裁判員裁判はかなりの部分、中世に先祖返りするかのように「感情に基づく裁判」、「報復としての裁判」になっているのではないか。前述の最高裁判決が、どこまでその歯止めになりうるのか。一般市民を量刑に関与させることの是非が、いま改めて問われている。

(5) 裁判員制度と「新たな刑事司法制度」との連続性

司法制度改革審議会意見書

裁判員制度に対しては、当初より、国の治安維持、秩序維持に国民を動員するものであるとの厳しい意見があった。確かに、裁判員法は、誤判と冤罪の防止を目的とした法律ではなく、逆に、前述したように適正手続保障を欠く制度となっている。そこで、一五年程時を遡り、裁判員制度の創設のころに目を向けてみよう。

裁判員制度は、司法制度改革審議会意見書（二〇〇一年六月一二日公表）に基づいて制度設計されたものであるが、右意見書は、司法制度改革を、「政治改革、行政改革、地方分権推進、規制緩和等の経済構造改革等の諸々の改革」の「最後のかなめ」として位置づけている。

そして、同意見書は、刑事司法の現状について、「刑事裁判の実情を見ると、通常の事件についてはおおむね迅速に審理がなされている」と極めて肯定的に評価する一方で、「国民が注目する特異重大な事件にあっては、第一審の審理だけでも相当の長期間を要するものが珍しくなく、こうした刑事裁判の遅延は国民の刑事司法全体に対する信頼を傷つける一因となっていることから、刑事裁判の充実・迅速化を図るための方策を検討する必要がある」とし、そのうえで、迅速化の要請について、裁判員制度との関連で、「特に、一部の刑事事件の訴訟手続に国民参加の制度を新たに導入することとの関係で、その要請は一層顕著なものとなり、国民参加の対象とはならない事件をも含め、関連諸制度の見直しが緊要となる」とし、第一回公判期日前の「新たな準備手続」の導入を提言したのである。

このように、裁判員制度は誤判や冤罪の防止については全く問題にしていないのである。

また、同意見書は、裁判員制度導入の目的について、次のように言う。

「訴訟手続は司法の中核をなすものであり、訴訟手続への一般の国民の参加は、司法の国民的基盤を確立するための方策として、とりわけ重要な意義を有する。すなわち、一般の国民が、裁判の過程に参加し、裁判内容に国民の健全な社会常識がより反映されるようになることによって、国民の司法に対する理解・支持が深まり、司法はより強固な国民的基盤を得ることができるようになる」

司法審意見書が無視したわが国刑事司法の深刻な実情

こうした司法審意見書の認識とは異なり、わが国の刑事司法は深刻な問題を抱えていた。すなわち、否認していると親族などとも面会させない接見禁止処分、代用監獄（留置場）に長期間勾留して自白を強要する取調べ、起訴後も自白をしないと保釈を認めない等々の人質司法の実情、検察による証拠隠し、自白を偏重した有罪推定的事実認定など、適正手続の保障が履践されていないという深刻な実情である。要するに、人権擁護的な刑事司法ではなく、治安維持、秩序維持に傾斜した刑事司法がまかり通っているのである。

誤判や冤罪の防止、「無辜の不処罰」が当時から最大の課題であったが（拙稿「危機にさらされる刑事司法」戒能通厚監修『みんなで考えよう司法改革』日本評論社二〇〇一年参照）、こうした実情はほとんど改善されることなく現在も続いており、こうした実情の上に裁判員制度が構築されているのである。

裁判員制度と治安対策

以上のような司法審意見書のいう司法制度改革の位置づけ、刑事司法の現状の評価、裁判員制度導入の目的等からみれば、裁判員制度が治安維持に国民を動員するものであるという評価は正鵠を得ていると言わざるを得ないであろう。すなわち、次のように言えよう。

「経済構造改革」の「最後のかなめ」として、規制緩和・市場原理主義社会における治安対策の強化が求められ、その最も単純・野蛮な方策である「効果的な制裁」（刑罰の強化）を支える「国民的基盤」として、国民の司法参加が持ち出された。こうした審議会自身が示した意図を端的に反映して、裁判員制度は、重大な事件だけに国民（裁判員）を動員し、争いのない事件を含めて審理の対象にし、しかも量刑判断も裁判員の判断対象にした。かくして、期待される裁判員の任務は「無罪の発見・人権保障」ではなく、「厳罰の言い渡し」、すなわち「権力行使の補完＝治安の強化」になった。（米倉勉『法と民主主義』二〇一三年一二月号）

司法制度改革審議会における法務省の提案

ところで、司法制度改革審議会（司法審）は、一九九九年六月に設置され、二〇〇一年六月までの二年間審議が行なわれたが、設置された同年とは、どのような年であっただろうか。実は、一九九九年八月に盗聴法（犯罪捜査のための通信傍受に関する法律）が、国民的批判を押し切る形で成立しているのである。

この盗聴法の国会審議最終盤頃から司法審が始まった。日弁連などが陪審制度の導入を強く主張するなど、「国民の司法参加」が大きな焦点となっていたところ、法務省は盗聴法成立の僅か一年後の二〇〇〇年九月一二日（第三〇回会議）、「国民の司法参加」に関連して、次のような捜査権限の拡大強化策を提案した。すなわち、「陪審制度を導入するならば、刑事訴訟手続のみならず、刑事実体法を含めた全面的な改革が不可欠」として、①集中審理の実現による裁判の迅速化、②運営コストのため対象事件を絞り込むための司法取引制度、有罪答弁制度の広範囲の導入、③偽証罪の実効化、被告人の証人尋問制の導入、証人不出頭証言拒否等の審理妨害行為などの制裁、裁判所侮辱罪の導入、④供述調書の比重低下による捜査構造への影響が不可避であるので、取り調べに代わる犯罪摘発の手段として刑事免責導入による公判供述の確保、おとり捜査の拡充、通信傍受の拡充等を主張したのである。

実は、盗聴や刑事免責など、ここで検討課題とした法制度の導入論は、一九九〇年前後から検察サイドが課題としてきたものであった。

ともあれ、盗聴法は、国民的批判が強く、国会審議において大幅な縮小・修正を余議なくされたのだが、早くもその一年後に司法審において盗聴法の（復活的）拡大を主張するなど法務・検察はしたたかであった。

そして、この司法審において果たせなかった捜査権限の拡大強化策の主要なテーマが、一〇数年後に法制審議会「新時代の刑事司法制度特別部会」を舞台に再び議論されることになるのである。

法制審「新時代の刑事司法制度特別部会」

二〇一四年九月一八日、法制審議会は、「新たな刑事司法制度の構築」に関する法改正要綱を全会一致で採択し、法務大臣に答申した。

この要綱は、「新たな刑事司法制度を構築するための法整備」として、日弁連や冤罪被害者ら等からの強い要求のあった全面可視化論を採用せずに、これを骨抜きにして逆に捜査機関の武器にする「録音・録画制度」の導入並びに捜査権限の拡大・強化方策としての、①盗聴（通信傍受）の拡大、②被疑者・被告人の適正手続保障の弱体化をもたらすビデオリンク方式による証人尋問の拡充、③誤判の危険性を高める司法取引制度（捜査・公判協力型協議・合意制度及び刑事免責制度）の導入、④公判廷に顕出される証拠が真正なものであることを担保するための方策等を「一体としての制度」として法整備することを求めている。

本要綱が示している刑事司法制度は、本来の目標であったはずの誤判・冤罪防止に背を向け、捜査権限の拡大・強化、治安維持の強化に大きく舵を切ったものである。この答申に基づき法務省は、二〇一五年一月に召集された通常国会に関連法案を上程する予定という。

「司法制度改革」としての裁判員制度の創設を進めた法務司法官僚や刑事法学者らが、次に取り組んだのが「新たな刑事司法制度」である。裁判員制度は公判手続の変更であったが、「新たな刑事司法制度」は捜査段階の制度変更という性格をもち、これにより捜査段階と公判段階を通した治安対策の強化という刑事手法の再編成が完成をみるのである。

なお、二〇一三年一二月に自民、公明の強行採決により成立し、二〇一四年一二月から施行されている秘密保護法との関連から「新たな刑事司法制度」をみると、福祉国家の解体の促進と危機管理の機能強化という観点から、秘密保護法の後方支援という性格をもち（新屋達之「二一世紀刑事法再編と特定秘密保護法」『秘密保護法から「戦争する国」へ』旬報社、二〇一四年参照）、盗聴法拡大があらためて国会上程が画策されている共謀罪との三点セットにより、軍事国家化、監視国家化が追求されていることに注意すべきである。

裁判員法の「三年後見直し」

さて、裁判員制度施行から六年近くが経過しようとしている。裁判員法は附則九条において「政府は、この法律施行後三年を経過した場合において、この法律の施行の状況について検討を加え、必要があると認めるときは、その結果に基づいて、……所要の措置を講ずるものとする」と定める。この「三年後見直し」について、法制審刑事法（裁判員制度関係）部会（座長井上正仁東大教授（現東大名誉教授・早大教授））は、法務大臣の諮問に若干の修正を加えた要綱（骨子）を二〇一四年六月に取りまとめ、法制審総会は七月一四日これを採択、法務大臣に答申した。法務省は裁判員法改正案を同年九月二九日召集の臨時国会に上程したが、一一月二一日衆議院の解散により廃案となった。二〇一五年一月に召集された本通常国会への上程が予定されている。

要綱（骨子）による改正項目は以下の三点である。

第一は「長期間の審判を要する事件等」（超長期裁判）の対象事件からの除外を認める改正であり、裁判員裁判の途中からの除外も含む。

特別部会の答申案取りまとめにあたって、新聞報道は「超長期」について「一年以上を想定」（朝日新聞）などと伝えたが、法制審総会でこの点を質問された井上正仁委員は、「そのような決定をしたとか、あるいは委員共通の認識であるということはない」と釈明した。過去最長の職務従事期間一〇〇日間となった、さいたま地裁首都圏連続不審死事件は該当しないとするが、具体的な数字は示されずに立法化される見込みである。

第二は性犯罪の裁判員選任手続における被害者情報の匿名化を義務付ける改正、第三は非常災害時に被災地域居住者を呼び出さないことができる改正である。

「三年後見直し」の会内論議

ところで、この「三年後見直し」に当たっては、日弁連はじめ各単位会ならびに任意団体などから多様な意見が出されていた。ちなみに筆者の所属する千葉県弁護士会では、施行から三年が経過した二〇一二年五月一二日に公表した「裁判員制度の見直しに関する意見書」では、裁判傍聴を通して検証作業を行い具体的に検討した項目として、①守秘義務、②裁判員の量刑関与、③裁判員裁判における被害者参加制度、④少年逆送事件、⑤裁判官と裁判員の対等な議論、⑥証拠調べのあり方、⑦被告人の選択権の付与、⑧控訴審との関係を指摘した。なお、②については、「裁判員裁判においては裁判員の関与を事実認定のみとし、量刑への関与を除外すべきである」と明確に否定した。

しかし、こうした多様な意見は、全く考慮されず、前述の法制審答申に至っているのである。

施行を目前にした弁護士会内外の議論状況

裁判員制度に対しては、法制定の当初より廃止すべきとの意見もあったが、少数にとどまっていた。しかし、裁判員制度の施行を目前にひかえた二〇〇八年頃より弁護士会内外で、実施の延期を求める意見が相次いだ。

弁護士会レベルでは、二〇〇八年二月に新潟県弁護士会、同年五月に栃木県弁護士会、二〇〇九年一月に千葉県弁護士会が、それぞれ実施の延期を求める総会決議を採択した。

前述の千葉県弁護士会の裁判員制度延期決議では、「思想、信条の自由」という観点からではあるが、「裁判員裁判の対象事件は殺人、強盗殺人などの重大犯罪であり、人を裁きたくないと考える国民に、その意に反して死刑を含む重い罪を宣告させることを強制すべきでない」とし、量刑関与に消極の立場を示した。

法律家の任意団体である青年法律家協会弁護士学者合同部会は、二〇〇九年一月に「裁判員制度をめぐる諸問題」(青年法律家号外)を公表し、実施の延期までは求めなかったものの、制度ないし運用に関する多くの問題点を指摘し、実施への危惧の念を示した。政党では、二〇〇八年八月、日本共産党と社会民主党が相次いで裁判員制度の実施延期を求める見解を表明した。

さらに国会内では、二〇〇九年四月一日、超党派の国会議員でつくる「裁判員制度を問い直す議員連盟」（代表世話人亀井久興、事務局長保坂展人）が代理出席を含む約三〇名で発足し、凍結法案の提出などをめざして、「凍結、見直しに向けた一二の論点」などを公表するなど活動した。この議連との提携のもとに、同年五月二一日に、ＡＳＫの会の会員らが中心となって「裁判員制度の見直しを求める院内集会」を開催した（もっとも、民主党の代表選などの影響により凍結法案は提出に至らなかった）。

ところで、こうした延期等を求める意見の多くは、人質司法などの改善がなされていないこと、拙速な審理となり被告人の権利が守られないこと、守秘義務が厳しすぎること等を理由とするものであり、厳罰化や重罰化への危惧や裁判員の量刑関与への疑問をストレートに表明したものは少なかったのが実情である。

しかし、このことは、こうした重罰化への危惧や量刑関与への疑問を感じていなかったということではなく、こうした危惧は感じつつも、「市民参加」を肯定的に評価する以上「市民参加」の結果としての厳罰化や重罰化は非難できない、あるいはこれを批判したら「市民参加」それ自体の批判と受けとられ、マスコミや市民の反発を買うことにならないか等という、かなり腰の引けたものだったのである。

司法審が裁判員制度を打ち出すまでは、一般市民は事実認定だけを行い量刑関与しない陪審制度を強く要求していた日弁連などが、その後は急に態度を変え、裁判員制度への賛意を示し、そして、推進する立場に回っていったのは、日弁連をはじめとする民主的勢力の弱点であったと言わなければならない。

(6) 刑事弁護の担い手層の変容

裁判員裁判法廷技術研修の隆盛

日弁連や各地の弁護士会では裁判員裁判の研修会が盛んである。しかもその内容は、かなり技術論に走ったものが多いようである。二〇一四年に行われたある弁護士会の会員向の研修会の案内には、次のような記載がある。「裁判員裁判において、私たち弁護士は、裁判員から極めて厳しい評価を受けています。裁判員裁判においては、法廷のその場で、目の前の裁判官裁判員を説得する法廷技術の向上が不可欠です。この「法廷技術研修」では、記録教材を用いて、ケース・セオリー(我々が勝つべき理由)の作り方、冒頭陳述、主尋問、反対尋問、最終弁論の基本技術を、一通り学ぶことができます」

刑事裁判では有罪を立証できるものとして検察官が起訴しており、かつ争点と証拠の整理を徹底していることから、裁判員にとって検察側の主張立証の方がわかりやすいというのは当然のことである。しかし、裁判員経験者によるアンケートや各地裁における法曹三者と裁判員経験者との意見交換会などにおいて、「検察官の説明は分かりやすかったが、弁護人の説明は分かりにくかった」という意見が頻繁に述べられており、こうした意見を意識しすぎて、「本質的に分かりにくいものである」という特質を忘れ、弁護技術、法廷技術で成果をあげようという思いから裁判員にアピールする方法が探究され、これが第七章で紹介されているようなパフォーマンス型弁護や技術論につながっているように思われる。

また同時に、裁判員へ如何に訴えるかが過度に強調されすぎたという側面もある。裁判官は官僚的で弁護側の主張を理解してくれなくとも、一般市民の裁判員は理解してくれるはずだ、という「思い込み」である。

しかし、パフォーマンスの優劣や表面的な技術の差が、好感度などの印象のレベルにとどまらず、これを超えて事実認定や量刑に大きな影響を与えるとしたら、法と証拠に基づく理性的判断という観点からは問題である。

闘う刑事弁護の消滅?

二〇一四年一〇月、ある弁護士有志グループから次のような刑事弁護の討論学習会の案内がきた。テーマは裁判員制度であった。

「裁判員制度と公判前整理手続は、刑事裁判を権力との対決の場から、三者協調の儀式の場に変えます。牙を抜かれた弁護人は、被告人の権利を擁護するどころか、基本的立場を検察官と共通にした形だけの弁護活動を行うしかなくなります。憲法・刑訴法の原則に立ち返った刑事弁護の復権を議論してみませんか。」（憲法と人権の日弁連をめざす会代表高山俊吉）

これまで刑事弁護に力を入れてきた多くの弁護士にほぼ共通する危惧ではないだろうか。

司法支援センター問題

裁判員裁判の担い手の中心は若い弁護士である。司法審意見書に基づく司法制度改革を分岐点として、法科大学院世代の新人弁護士が激増する一方で、これまで刑事弁護を担ってきた経験豊富な弁護士たちが国選刑事弁護の担当を離れるという現象が生じ、国選弁護事件の「担い手」層が大きく若手弁護士層へ変動した。

後者の原因として、裁判員制度への批判もあったが、より大きな原因は、司法支援センター構想への批判と反発から司法支援センターと契約しない弁護士が相当数あらわれたということがある。これまで国選刑事弁護は、実質的には弁護士会が運営してきたが、司法制度改革の一環として成立した総合法律支援法では、これを弁護士会から切り離し、新たに設立される法務省所管の独立行政法人である日本司法支援センターが国選弁護を運営することとされた。検察と対峙する国選刑事弁護を、検察を監督する法務省が間接的ながら所管することとなったのである。しかも、司法支援センターと契約しないと国選弁護を担当できないという二重の意味で理不尽なシステムとされたのである。これでは弁護活動の自主性・独立性が維持できないという強い危機感が生まれ、こうした不安や危惧や批判から国選弁護契約を締結しない弁護士が現れたのである。本書「『ＡＳＫの会』とは」において、田中重仁弁護士が、司法支援センターと契約しなくとも国選弁護を担当できる制度の確立を求め国選弁護拒否宣言運動が展開されたことを紹介しているが、この運動もこうした背景から生まれたものであった。

弁護士大量増員政策と「担い手」の変化

二〇〇〇年当時の司法試験合格者数は約一〇〇〇人程であったところ、司法審意見書は、①司法試験合格者数の増加に直ちに着手し、二〇〇四年には一五〇〇人、二〇一〇年ころには三〇〇〇人の達成を目指し、二〇一八年ころまでには実働法曹人口五万人となることを求め、②同時にこうした大量増員の受け皿として法科大学院制度の創設を提言した。

そして、法科大学院が二〇〇四年に開校され、新司法試験合格者数は二〇〇六年に一〇〇九人、二〇〇七年に一八五一人、二〇〇八年に二〇六五人と増加し、その後二〇〇〇人台で推移している（ただし二〇一四年には一八〇〇人台に減じた）。

しかし、司法審の法曹需要予想は全く根拠を欠き、この無謀な大量増員政策により弁護士の大幅過剰を招き、その結果として就職難や法曹の職業的魅力の喪失そして法曹志望者の激減をもたらしている。(詳細は『司法改革の失敗』『司法崩壊の危機』ともに花伝社参照)

こうした大量増員政策から生まれた若い弁護士ことに法科大学院世代の多くは、「司法制度改革」をめぐる、ことに裁判員制度や司法支援センターをめぐる激しい会内議論をほとんど知らず、裁判員制度及び司法支援センターが所与の前提として存在していることもあって、やむを得ないところではあるものの、これらに対する問題意識は乏しいのが実情である。そして、司法支援センターとの契約は業務上不可欠とも言え、国選刑事弁護ことに裁判員裁判は、大切な収入源となっている。こうして、国選弁護をめぐっての、世代間の断絶が生じているのである。

制度「改革」とマスコミ

わが国のマスコミは「改革」や「市民」という名の付くものに弱く、裁判員制度に対しては刑事裁判に「市民感覚」を反映させるものとして無条件的にとも言える賛意を示してきた。また、裁判員制度を生みだした新自由主義改革にも、またその「最後のかなめ」としての「司法制度改革」にも賛意を示し推進してきた。

そのため、裁判員制度に対しては、特に社説レベルでは、「肯定」や「賛意」を超え、批判を許さないかのごとき論調がしばしば見られる。

若い弁護士は、こうしたマスコミ報道に敏感であることに加え、ことに法科大学院世代の若手弁護士は良くも悪くも新制度に対する抵抗感が少なく、かつ、総じて裁判所に協力的である。これが、裁判員制度が円滑に運営されていると裁判所が強気になる大きな要因となっているといえよう。それだけに、マスコミ報道は重要である。

本質に切り込んだ報道への期待

裁判員制度について検証するデータは、個別の事件を担当した弁護人からの報告や裁判傍聴活動が最も望ましいことではあるが、現実問題として、そのような機会は決して多くはない。これは事件数が多い千葉でも同様である。そこで、どうしても頼らざるを得ないのがマスコミ報道である。

本書で指摘したように、マスコミ報道には一定のバイアスがかかっているものが多いが、逆に若い記者らしい意欲的な報道もみられるところである。ことは人権と正義にかかわる刑事裁判である。マスコミ関係者が、本来の報道の使命に従い、権威やタブーや上層部の意向に拘束されることなく、裁判員制度の本質に切り込んだ報道をされることを期待したい。

（資料１）起訴から判決までの進行例

【事件A】

△	四・一	起訴
□	六・二二	第一回公判前整理手続期日
□	七・一八	第二回公判前整理手続期日
□	八・三	第三回公判前整理手続期日
□	八・二〇	第四回公判前整理手続期日
□	九・三	第五回公判前整理手続期日
□	九・二三	第六回公判前整理手続期日
□	一〇・一三	第七回公判前整理手続期日
□	一二・一五	第八回公判前整理手続期日
□	一・一	第九回公判前整理手続期日
□	一・七	第一〇回公判前整理手続期日
○	一・一三	裁判員選任手続
○	一・一八	第一回公判期日
○	一・一九	第二回公判期日
○	一・二〇	第三回公判期日
○	一・二二	第四回公判期日
○	一・二五	第五回公判期日（論告・弁論）
○	一・二六	評議
○	一・二八	第六回公判期日（判決）

【事件B】

△	四・一	起訴
○	六・二三	第一回公判期日
○	七・一二	第二回公判期日
○	八・四	第三回公判期日
○	八・一六	第四回公判期日
○	八・三〇	第五回公判期日
○	一〇・一一	第六回公判期日
○	一〇・二五	第七回公判期日
○	一一・二二	第八回公判期日
○	一二・二七	第九回公判期日（論告・求刑）
○	一・一七	第一〇回公判期日（弁論）
○	三・二〇	第一一回公判期日（判決）

事件Aは、筆者が弁護士会活動の一環として傍聴したある裁判員制度対象事件の起訴から判決までの進行表である。事実関係に争いがあり公判前整理手続が長期化している。

事件Bは、裁判員制度施行前に筆者が実際に担当した、事件Aと同一罪名の事件の進行表である。事実関係を争ったため公判が長期化し、1年近くに及んだ。

事実関係を争った場合の裁判の進行について比較をして頂きたい。

なお、いずれも実際の日程をもとにしつつ、基準となる起訴日を便宜上4月1日とし、各期日の間隔は実際の日程と変えることなく、編集したものである（1月1日や12月27日の期日があるのは、そのためである）。

平成　年　月　日（　）　　　　　　　　　　　　（2日目）

証人尋問			開　始	終　了
証人B	検察官	15	10:00	10:15
証人B	弁護人	10	10:15	10:25
証人B	裁判官・員	10	10:25	10:35
休廷		20		
証拠調べ（書証等）				
甲号証取調べ	検察官	15	10:55	11:10
休廷（昼休み）				
証人尋問				
証人C	検察官	30	13:30	14:00
休廷		20		
証人C	弁護人	20	14:20	14:40
休廷		30		
証人C	裁判官・員	20	15:10	15:30

平成　年　月　日（　）　　　　　　　　　　　　（3日目）

証拠調べ（書証等）				
甲号証取調べ	検察官	5	10:00	10:05
証人尋問				
証人D	検察官	40	10:05	10:45
休廷		20		
証人D	弁護人	50	11:05	11:55
休廷（昼休み）				
証人D	裁判官・員	20	14:00	14:20
中間評議				

（資料 2） ある裁判員裁判についての審理計画の例

平成　年　月　日(　)　　　　　　　　　　　　　（1日目）

冒頭手続			開　始	終　了
人定質問 起訴状朗読 黙秘権等の告知 罪状認否	裁判長 検察官 裁判長 被告人 弁護人	10 （分）	10:00	10:10
冒頭陳述等				
冒頭陳述 冒頭陳述 公判前の結果顕出	検察官 弁護人 裁判所	10 15	10:10 10:20	10:20 10:35
休廷		30		
証拠調べ（書証等）				
甲乙号証取調べ	検察官	50	11:05	11:55
休廷（昼休み）				
証人尋問				
証人 A	検察官	30	13:30	14:00
休廷		20		
証人 A	弁護人	30	14:20	14:50
休廷		10		
証人 A	裁判官・員	10	15:00	15:10
休廷		20		
被告人質問				
被告人	弁護人	40	15:30	16:10
休廷		20		
被告人	検察官	20	16:30	16:50
被告人	裁判官・員	10	16:50	17:00

平成　年　月　日（　）　　　　　　　　　　　　（4日目）

証人尋問			開　始	終　了
証人E	検察官	30	10:00	10:30
証人E	弁護人	10	10:30	10:40
休廷		20		
証人E	裁判官・員	5	11:00	11:05
証拠調べ（書証等）				
弁号証取調べ	弁護人	15	11:05	11:20
証人尋問				
証人F	弁護人	30	11:20	11:50
休廷（昼休み）				
証人F	検察官	10	13:30	13:40
証人F	被害者参加人等	15	13:40	13:55
休廷		20		
証人F	裁判官・員	5	14:15	14:20
被告人質問				
被告人	弁護人	40	14:20	15:00
休廷		20		
被告人	検察官	20	15:20	15:40
被告人	被害者参加人等	15	15:40	15:55
休廷		20		
被告人	裁判官・員	20	16:15	16:35
証拠の整理	裁判所			

平成　年　月　日（　）　　　　　　　　　　　　（5日目）

意見等				
論告	検察官	20	10:30	10:50
意見陳述	被害者参加人等	15	10:50	11:05
弁論	弁護人	20	11:05	11:25
最終陳述	被告人	5	11:25	11:30
評議				

平成　年　月　日（　）　　　　　　　　　　　　（6日目）

評議

平成　年　月　日（　）　　　　　　　　　　　　（7日目）

判決宣告			15:00	

おわりに

埼玉弁護士会所属・弁護士　田中重仁

一年程前の、本書の企画会議を思い出す。

話題の中心は、弁護士の中でさえ問題意識が低いのに、どうやって広くうったえ、裁判員制度見直しの意識を高めるかであった。制度が刑事司法に与える影響は大きいけれども、その実態は見えづらい。実態がわからなければ、見直しといわれてもその気になれない。

何度も打ち合わせを重ねるうちに、いっそのこと、「世論」をまるごと相手にしてやろうという、威勢のいい意見が出た。そのためにもありとあらゆる裁判員制度の報道に目を通しマスコミの意見を検証しよう、と。始めた時は雲をつかむような作業だったが、次第に確信を持った。マスコミの報道がいかに効果的に問題点を隠してしまうか。この覆いかぶさったヴェールをはがせば、裁判員制度の見直しにとって、間違いなく大きな一歩になる、と。

二〇〇九年に裁判員制度が導入されてから六年が経過しようとしている。六年は短いのか長いのかわからないが、それでも制度のメッキがはがれるのには十分な時間だった。

本書が裁判員制度見直しの一助になることを切に願う。

本書を世に出せたのは、出版を快く引き受けて下さった花伝社の平田勝社長のお陰である。また編集担当の水野宏信氏には企画の段階から本書の構成をはじめ多くの助言を頂いた。ここに深く感謝の意を表したい。

「ＡＳＫの会」とは　ＡＳＫの会代表　埼玉弁護士会所属・弁護士　田中重仁

この本はＡＳＫの会の会員が分担して原稿を書き、協力して校正を行った。個々の文章は担当執筆者が責任を持つものだが、ＡＳＫの会としての出版と言って良い。そこで「ＡＳＫの会」について説明する。

この会は「十県会有志意見交換会」として発足した。十県会とは関東の千葉県・埼玉県・神奈川県・山梨県・新潟県・栃木県・群馬県・茨城県・静岡県・長野県を合わせて呼ぶ。2002年に進行していた司法制度改革審議会意見書の路線に基づく司法改革論議について「社会的弱者・少数者の人権を擁護するという司法の本来の役割からますます遠のいている」として疑問を持った千葉県弁護士会の有志が十県会の有志に「横のつながりを持った活動」を呼びかけ、2002年8月に第一回の意見交換会を持った。この会合で、今後も「十県会有志意見交換会」（以下、有志懇）として継続することを決めた。

有志懇は2006年には名称を司法「改革」を考える関東十県会有志の会とし、明確に司法「改革」を真の改革とは認めない立場を鮮明にした。その後、武本夕香子氏（2014年度兵庫県弁護士会会長）、執筆者の一人、札幌弁護士会の猪野亨氏、沖縄弁護士会、仙台弁護士会、愛知県弁護士会の方も参加し、「関東十県会」では平仄が合わなくなった。そこで発案されたのが「Ａ＝アンチ、Ｓ＝司法、Ｋ＝改革」という意味から「ＡＳＫの会」である。英語のａｓｋには「問う、求める、発表する、招く」という意味も込められ、異論無く「ＡＳＫの会」に決まった。

有志懇は、議論するだけでなく行動もしている。初期の段階では司法支援センターとの国選弁護契約拒否宣言運動がある。法務省管轄の司法支援センターと契約しないと国選弁護人になれないという制度設計を弾劾する目的と、司法支援センターを経由しない国選弁護受任制度の確立を目的とした運動である（現に、埼玉弁護士会は現在に至るまで支援センター非経由国選弁護受任者名簿を作成し続けている）。

最近の活動では、法制審議会の2014年9月18日の「新たな刑事司法制度の構築についての調査審議の結果」なる答申につき、案の段階から強く批判し、最終版には、日弁連全員への問題提起とともに、日本弁護士会連合会から出ている委員が賛成しないように、日弁連の全会員にあてて3回にわたって意見書をＦＡＸ送信した。

さらに、各地の弁護士会において裁判員法批判決議案の提出には有志懇の会員が関わっているのは当然のことである。

ＡＳＫの会は裁判員制度の廃止を求めている。本書では実際に様々な問題が現出していることを指摘した。ご一読いただき、裁判員制度を再検討されることを切に願う。

猪野　亨（いの・とおる）

1968年生まれ、神奈川県出身。北海道大学法学部を卒業後、1998年に弁護士登録。2000年より、いの法律事務所開設。札幌弁護士会所属。

2007年より「北海道裁判員制度を考える会」事務局として、裁判員制度廃止に向けた街頭活動や学習会などを行う。また、ブログで司法の問題について広く発信している。

立松　彰（たてまつ・あきら）

1977年、早稲田大学法学部卒業。1984年、司法研修所入所（38期）。1986年、千葉県弁護士会登録。現在、千葉県弁護士会所属。酒井正利法律事務所所属。

弁護士会では裁判員制度対策委員会副委員長、法曹人口・法曹養成制度検討委員会副委員長、日本司法支援センター対策委員会委員長をつとめ、裁判傍聴活動を行う市民団体「裁判ウオッチング千葉」の幹事をつとめる。

共著に、『司法改革の失敗』、『司法崩壊の危機』（どちらも花伝社）がある。

新穂正俊（にいほ・まさとし）

1979年、早稲田大学法学部卒業。1981年、弁護士登録。あすなろ法律事務所所属。埼玉弁護士会刑事弁護充実特別委員会、同司法問題対策委員会等多数の委員会に所属。

マスコミが伝えない裁判員制度の真相

2015年3月20日　　初版第1刷発行

著者 ——— 猪野 亨、立松 彰、新穂正俊
監修 ——— ASKの会
発行者 —— 平田 勝
発行 ——— 花伝社
発売 ——— 共栄書房
〒101-0065　東京都千代田区西神田2-5-11出版輸送ビル2F
電話　03-3263-3813
FAX　03-3239-8272
E-mail　kadensha@muf.biglobe.ne.jp
URL　http://kadensha.net
振替 ——— 00140-6-59661
装幀 ——— 黒瀬章夫（ナカグログラフ）
印刷・製本 — 中央精版印刷株式会社

カバー写真出典 Wikimedia Commons（「裁判所法廷の様子」撮影者Saya10）
ISBN978-4-7634-0733-7　C0036

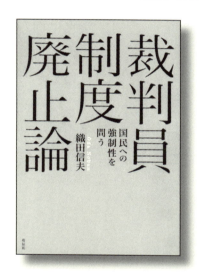

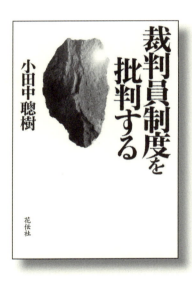